Franz Grillparzer

Weh dem, der lügt!

Lustspiel in fünf Aufzügen

Anmerkungen
von Karl Pörnbacher

Philipp Reclam jun. Stuttgart

Erläuterungen und Dokumente zu Grillparzers *Weh dem, der lügt!* liegen unter Nr. 8110 in Reclams Universal-Bibliothek vor.

Universal-Bibliothek Nr. 4381
Alle Rechte vorbehalten
© 1963, 1993 Philipp Reclam jun. GmbH & Co., Stuttgart
Um Anmerkungen ergänzte Ausgabe 1993
Gesamtherstellung: Reclam, Ditzingen. Printed in Germany 1993
RECLAM und UNIVERSAL-BIBLIOTHEK sind eingetragene
Warenzeichen der Philipp Reclam jun. GmbH & Co., Stuttgart
ISBN 3-15-004381-6

PERSONEN

G r e g o r, *Bischof von Chalons*
A t a l u s, *sein Neffe*
L e o n, *Küchenjunge*
K a t t w a l d, *Graf im Rheingau*
E d r i t a, *seine Tochter*
G a l o m i r, *ihr Bräutigam*
G r e g o r s H a u s v e r w a l t e r
D e r S c h a f f e r ⎱ *Kattwalds*
Z w e i K n e c h t e ⎰
E i n P i l g e r
E i n f r ä n k i s c h e r A n f ü h r e r
E i n F i s c h e r
S e i n K n e c h t

ERSTER AUFZUG

Garten im Schlosse zu Dijon, im Hintergrunde durch eine Mauer geschlossen, mit einem großen Gittertore in der Mitte.

Leon, der Küchenjunge, und der Hausverwalter am Gartentor.

L e o n. Ich muß den Bischof durchaus sprechen, Herr!

H a u s v e r w a l t e r.
  Du sollst nicht, sag ich dir, verwegner Bursch!

L e o n *(sein Küchenmesser ziehend).*
  Seht Ihr? ich zieh vom Leder, weicht Ihr nicht.
  Teilt Sonn' und Wind, wir schlagen uns, Herr Sigrid.

H a u s v e r w a l t e r *(nach dem Vorgrunde ausweichend).*
  Zu Hilfe! Mörder!

L e o n.   's ist mein Scherz ja nur.
  Doch sprechen muß ich Euch den Bischof, Herr.

H a u s v e r w a l t e r.
  Es kann nicht sein, jetzt in der Morgenstunde
  Geht er lustwandeln hier und meditiert.

L e o n. Ei, meditier' er doch vor allem erst auf mich
  Und mein Gesuch, das liegt ihm jetzt am nächsten.   10

H a u s v e r w a l t e r.
  Dein Platz ist in der Küche, dahin geh!

L e o n. So? In der Küche, meint Ihr? Zeigt mir die!
  Wenn eine Küch' der Ort ist, wo man kocht,
  So sucht Ihr sie im ganzen Schloß vergebens.
  Wo man nicht kocht ist keine Küche, Herr,
  Wo keine Küche ist kein Koch. Das, seht Ihr?
  Wollt' ich den Bischof sagen; und ich tu's,
  Ich tu's fürwahr, und sät Ihr noch so scheel.
  Pfui Schande über alle Knauserei!
  Erst schickten sie den Koch fort, nun, da meint' ich,   20
  Sie trauten mir so viel, und war schon stolz,
  Doch als ich anfing meine Kunst zu zeigen,
  Ist alles viel zu teuer, viel zu viel.

Mit Nichts soll ich da kochen, wenn auch nichts.
Nur gestern noch erhascht' ich ein Stück Wildbret,
So köstlich als kein andres, um 'nen Spottpreis,
Und freute mich im voraus, wie der Herr sich,
Der Alte, Schwache, laben würde dran.
Ja, prost die Mahlzeit! Mußt' ich's nicht verkaufen,
An einen Sudelkoch verhandeln mit Verlust;   30
Weil's viel zu teuer schien, gar viel zu kostbar.
Nennt Ihr das Knauserei? wie, oder sonst?
Hausverwalter.
Man wird dich jagen, allzu lauter Bursch!
Leon. Mich jagen? Ei, erspart Euch nur die Müh'!
Ich geh von selbst. Hier, meine Schürze, seht!
Und hier mein Messer, das Euch erst erschreckt,
(er wirft beides auf den Boden)
So werf ich's hin und heb es nimmer auf.
Sucht einen andern Koch für eure Fasten!

Glaubt Ihr, für Geld hätt' ich dem Herrn gedient?
Es gibt wohl andre Wege noch und beßre,   40
Sich durchzuhelfen, für 'nen Kerl wie ich.
Der König braucht Soldaten, und, mein Treu!
Ein Schwert wär' nicht zu schwer für diese Hand.
Doch sah ich Euern Bischof durch die Straßen
Mit seinem weißen Bart und Lockenhaar,
Das Haupt gebeugt von Alterslast,
Und doch gehoben von – ich weiß nicht was,
Doch von was Edlem, Hohem muß es sein;
Die Augen aufgespannt, als säh' er Bilder
Aus einem andern, unbekanntern Land,   50
Die allzugroß für also kleine Rahmen:
Sah ich ihn so durch unsre Straßen ziehn,
Da rief's in mir: dem mußt du dienen, dem,
Und wär's als Stallbub. Also kam ich her.
In diesem Haus, dacht' ich, wär' Gottesfrieden,
Sonst alle Welt im Krieg. Nun da ich hier,
Nun muß ich sehn, wie er das Brot sich abknappt,
Als hätt' er sich zum Hungertod verdammt,
Wie er die Bissen sich zum Munde zählt.
Mag das mit ansehn, wer da will, ich nicht.   60

Hausverwalter.
　Was sorgst du mehr um ihn, als selbst er tut?
　Ist er nicht kräftig noch für seine Jahre?
Leon. Mag sein! Doch ist's was andres noch, was Tiefers.
　Ich weiß es manchmal deutlich anzugeben,
　Und wieder manchmal spukt's nur still und heimlich.
　Daß er ein Bild mir alles Großen war
　Und daß ich jetzt so einen schmutz'gen Flecken,
　Als Geiz ist, so 'nen hämisch garst'gen Klecks,
　Auf seiner Reinheit weißem Kleide seh,
　Und sehen muß, ich tu auch, was ich will;　　　　70
　Das setzt mir alle Menschen fast herab,
　Mich selber, Euch; kurz alle, alle Welt,
　Für deren Besten ich so lang ihn hielt,
　Und quält mich, daß ich wahrlich nicht mehr kann.
　Kurz, ich geh fort, ich halt's nicht länger aus.
Hausverwalter.
　Und das willst du ihm sagen?
Leon.　　　　　　　　Ja, ich will's.
Hausverwalter.
　Du könntest's wagen?
Leon.　　　　　　　Ei, wohl mehr als das.
　Er soll sich vor mir reinigen, er soll
　Mir meine gute Meinung wieder geben,
　Und will er nicht; nun wohl denn, Gott befohlen!　　80
　Pfui Schande über alle Knauserei!
Hausverwalter.
　Des wagst du ihn zu zeihn, den frommen Mann?
　Weißt du denn nicht, daß Arme, Blinde, Lahme
　Der Säckel sind, dem er sein Geld vertraut?
Leon. Wohl gibt er viel, und segn' ihn Gott dafür!
　Doch heißt das Gutes tun, wenn man dem Armen
　Die Spende gibt, dem Geber aber nimmt?
　Dann seht! Er ließ mich neulich rufen
　Und gab mir Geld aus einer großen Truhe
　– Die Küchenrechnung nämlich für die Woche –,　　90
　Doch eh er's gab, nahm er 'nen Silberling
　Und sah ihn zehnmal an und küßt' ihn endlich
　Und steckt' ihn in ein Säckel, das gar groß
　Und straff gefüllt im Winkel stand der Truhe.

Nun frag ich Euch: ein frommer Mann
Und küßt das Geld. Ein Mann, der Hunger leidet
Und Spargut häuft im Säckel, straff gefüllt.
Wie nennt Ihr das? Wie nennt Ihr so 'nen Mann?
Ich will sein Koch nicht sein. Ich geh und sag ihm's.

Hausverwalter.
Du töricht toller Bursch, willst du wohl bleiben?   100
Störst du den guten Herrn, und eben heut,
Wo er betrübt im Innern seiner Seele,
Weil Jahrstag grade, daß sein frommer Neffe,
Sein Atalus, nach Trier ward gesandt,
Als Geisel für den Frieden, den man schloß;
Allwo er jetzt, da neu entbrannt der Krieg,
Gar hart gehalten wird vom grimmen Feind,
Der jede Lösung unerbittlich weigert.

Leon. Des Herren Neffe?
Hausverwalter.   Wohl, seit Jahresfrist.
Leon. Und hat man nichts versucht, ihn zu befrein?   110
Hausverwalter.
Gar mancherlei; doch alles ist umsonst.
Dort kommt der Herr, versunken in Betrachtung.
Geh aus dem Wege, Bursch, und stör ihn nicht.
Leon. Er schreibt.
Hausverwalter.
                    Wohl an der Predigt für den Festtag.
Leon. Wie bleich!
Hausverwalter.
                    Ja wohl, und tief betrübt.
Leon. Doch sprechen muß ich ihn trotz alledem.
Hausverwalter.
Komm, komm! *(Er faßt ihn an.)*
Leon.   Herr, ich entwisch Euch doch.
                    (Beide ab.)
*(Der Bischof kommt, ein Heft in der Hand, in das er von
                    Zeit zu Zeit schreibt.)*

Gregor. Dein Wort soll aber sein: Ja, ja; nein, nein.
Denn was die menschliche Natur auch Böses kennt,
Verkehrtes, Schlimmes, Abscheuwürd'ges,   120
Das Schlimmste ist das falsche Wort, die Lüge.
Wär' nur der Mensch erst wahr, er wär' auch gut.

Wie könnte Sünde irgend doch bestehn,
Wenn sie nicht lügen könnte, täuschen? erstens sich,
Alsdann die Welt; dann Gott, ging' es nur an.
Gäb's einen Bösewicht? müßt' er sich sagen,
So oft er nur allein: du bist ein Schurk'!
Wer hielt' sie aus, die eigene Verachtung?
Allein die Lügen in verschiednem Kleid:
Als Eitelkeit, als Stolz, als falsche Scham,   130
Und wiederum als Großmut und als Stärke,
Als innre Neigung und als hoher Sinn,
Als guter Zweck bei etwa schlimmen Mitteln,
Die hüllen unsrer Schlechtheit Antlitz ein
Und stellen sich geschäftig vor, wenn sich
Der Mensch beschaut in des Gewissens Spiegel.
Nun erst die *wissentliche* Lüge! Wer
Hielt' sie für möglich, wär' sie wirklich nicht?
Was, Mensch, zerstörst du deines Schöpfers Welt?
Was sagst du, es sei *nicht*, da es doch *ist*;   140
Und wiederum es *sei*, da es doch *nie gewesen*?
Greifst du das Dasein an, durch das du bist?
Zuletzt noch: Freundschaft, Liebe, Mitgefühl
Und all die schönen Bande unsers Lebens,
Woran sind sie geknüpft als an das wahre Wort?
Wahr ist die ganze kreisende Natur;
Wahr ist der Wolf, der brüllt, eh' er verschlingt,
Wahr ist der Donner, drohend, wenn es blitzt,
Wahr ist die Flamme, die von fern schon sengt,
Die Wasserflut, die heulend Wirbel schlägt;   150
Wahr sind sie, weil sie sind, weil Dasein Wahrheit.
Was bist denn du, der du dem Bruder lügst,
Den Freund betrügst, dein Nächstes hintergehst?
Du bist kein Tier, denn das ist wahr;
Kein Wolf, kein Drach', kein Stein, kein Schierlingsgift:
Ein Teufel bist du, der allein ist Lügner,
Und du ein Teufel, insofern du lügst.
Drum laßt uns wahr sein, vielgeliebte Brüder,
Und euer Wort sei ja und nein auf immer.

So züchtig' ich mich selbst für meinen Stolz.   160
Denn wär' ich wahr gewesen, als der König

Mich jüngst gefragt, ob etwas ich bedürfe,
Und hätt' ich Lösung mir erbeten für mein Kind,
Er wär' nun frei, und ruhig wär' mein Herz.
Doch weil ich zürnte, freilich guten Grunds,
Versetzt' ich: Herr, nicht ich bedarf dein Gut;
Den Schmeichlern gib's, die sonst dein Land bestehlen.
Da wandt' er sich im Grimme von mir ab,
Und fort in Ketten schmachtet Atalus.
(Er setzt sich erschöpft auf eine Rasenbank.)

L e o n *(kommt von der Seite).*
    Hat's Müh' gebraucht, dem Alten zu entkommen!   170
Da sitzt der Herr. Daß Gott! Mit bloßem Haupt.
Erst ißt er nicht, dann in die Frühlingsluft,
Die rauh und kalt, noch nüchtern wie er ist.
Er bringt sich selbst ums Leben. Ja, weiß Gott,
Blieb' ich in seinem Dienst, ich kauft' 'ne Mütz'
Und würf' sie ihm in Weg, daß er sie fände
Und sich das Haupt bedeckte; denn er selbst,
Er gönnt sich's nicht. Pfui, alle Knauserei!
Er sieht mich nicht. Ich red ihn an, sonst kehrt
Herr Sigrid wieder, und es ist vorbei.   180
Ehrwürd'ger Herr!

G r e g o r.   Rufst du, mein Atalus?
L e o n. Ich, Herr.
G r e g o r.   Wer bist du?
L e o n.   Ei, Leon bin ich,
Leon der Küchenjunge, oder gar wohl
Leon der Koch, will's Gott.
G r e g o r *(stark).*   Ja wohl, wenn Gott will.
Denn will er nicht, so liegst du tot, ein Nichts.
L e o n. Ei, habt Ihr mich erschreckt!
G r e g o r.   Was willst du?
L e o n.   Herr –
G r e g o r. Wo ist die Schürze und dein Messer, Koch?
Und wes ist das, so vor mir liegt im Sand?
L e o n.
    Das ist mein Messer, meine Schürze, Herr.
G r e g o r. Weshalb am Boden?
L e o n.   Herr, ich warf's im Zorn   190
Von mir.

G r e g o r. Hast du's im Zorn von dir gelegt,
  So nimm's in Sanftmut wieder auf.
L e o n.   Ja, Herr –
G r e g o r. Fällt's dir zu schwer, so tu ich's, Freund, für dich.
  (Er bückt sich.)
L e o n *(zulaufend).*
  Je, würd'ger Herr! O weh! was tut Ihr doch?
  (Er hebt beides auf.)
G r e g o r. So! und leg beides an, wie sich's gebührt.
  Ich mag am Menschen gern ein Zeichen seines Tuns.
  Wie du vor mir standst vorher, blank und bar,
  Du konntest auch so gut ein Tagdieb sein,
  Hinausgehn in den Wald, aufs Feld, auf Böses.
  Die Schürze da sagt mir, du seist mein Koch,   200
  Und sagt dir's auch. Und so, mein Sohn, nun rede.
L e o n. Weiß ich doch kaum, was ich Euch sagen wollte.
  Ihr macht mich ganz verwirrt.
G r e g o r.   Das wollt' ich nicht.
  Besinn dich, Freund! War es vielleicht, zu klagen?
  Die Schürze da am Boden läßt mich's glauben.
L e o n. Ja wohl, zu klagen, Herr. Und über Euch.
G r e g o r. So? über mich? das tu ich, Freund, alltäglich.
L e o n. Nicht so, mein Herr, nicht so! Und wieder doch!
  Allein nicht als Leon, ich klag als Koch,
  Als Euer Koch, als Euer Diener, Herr: 210
  Daß Ihr Euch selber haßt.
G r e g o r.   Das wäre schlimm!
  Noch schlimmer Eigenhaß als Eigenliebe.
  Denn hassen soll man nur das Völlig-Böse;
  Und völlig-bös, aufrichtig, Freund, glaub ich mich nicht.
L e o n. Ei, was Ihr sprecht! Ihr völlig böse, Herr?
  Ihr völlig gut, ganz völlig, bis auf eins.
G r e g o r. Und dieses eine wär', daß ich mich hasse?
L e o n.
  Daß Ihr Euch selbst nichts gönnt, daß Ihr an Euch
  Abknappt, was Ihr an andre reichlich spendet.
  Und das kann ich nicht ansehn, ich, Eu'r Koch.   220
  Ihr müßt dereinst am Jüngsten Tag vertreten
  Wohl Eure Seel', ich Euern Leib, von Rechtens,
  Und darum sprech ich hier in Amt und Pflicht.

Seht! essen muß der Mensch, das weiß ein jeder,
Und was er ißt, fließt ein auf all sein Wesen.
Eßt Fastenkost und Ihr seid schwachen Sinns,
Eßt Braten und Ihr fühlet Kraft und Mut.
Ein Becher Weins macht fröhlich und beredt,
Ein Wassertrunk bringt allzuviel auf g'nug.
Man kann nicht taugen, Herr, wenn man nicht ißt.   230
Ich fühle das an mir, und deshalb red ich.
Solang ich nüchtern, bin ich träg und dumm,
Doch nach dem Frühstück schon kommt Witz und
                                        Klugheit,
Und ich nehm's auf mit jedem, den Ihr wollt.
Seht Ihr?
G r e g o r. Hast du gegessen heute schon?
L e o n. Ei ja!
G r e g o r.   Daß Gott! drum sprichst du gar so klug.
L e o n. Ei, klug nun oder unklug, wahr bleibt's doch.
Den Braten nur vom Hirschkalb, gestern noch,
Zurück mußt' ich ihn schicken, ihn verkaufen,
Ein Stückchen Fleisch, wie keins Ihr je gesehn.   240
G r e g o r.
Er war zu kostbar, Freund, für mich.
L e o n.   Zu kostbar?
Für so 'nen Herrn? Ei seht! Warum nicht gar?
Dann hätt' er Euch so viel als nichts gekostet;
Ja, wirklich nichts. Wollt Ihr ihn heute, Herr?
Er ist noch da und kostet nichts; denn seht –
's ist so – 's ist ein Geschenk von frommen Leuten.
Wahrhaftig ein Geschenk.
G r e g o r.   Lügst du?
L e o n.   Ei was!
G r e g o r. Weh dem, der lügt!
L e o n.   Nu, nu!
G r e g o r.   Verwegener!
L e o n. Hab ich gelogen, war's zu gutem Zweck.   249
G r e g o r.
Was weißt du schwacher Wurm von Zweck und Enden?
Der oben wird's zu seinem Ziele wenden.
Du sollst die Wahrheit reden, frecher Bursch!
L e o n. Nun also: ich hätt's, Herr, bezahlt für Euch.

Wozu so viel Geschrei? Ich tu's nicht wieder.
Hätt' ich mein Tag geglaubt, daß so was Sünde!
G r e g o r. Geh jetzt!
L e o n.   So lebt denn wohl!
(Er geht, kehrt aber gleich wieder um.)
                              Doch noch ein Wort!
Zürnt nicht, ich kann wahrhaftiglich nicht anders.
So 'n Herr, so brav, daß selbst die kleinste Lüge,
Ein Notbehelf ihn aufbringt – Zürnet nicht!
Ich rede ja den Lügen nicht das Wort,   260
Ich meine nur – Daß so ein wackrer Herr –
Es muß heraus! daß so ein Herr – pfui geizig!
Was hat denn Geld so Schön's, daß Ihr's so liebt?
G r e g o r. Wie kommst du darauf?
L e o n.   Würd'ger Herr, mit Gunst!
Ich sah Euch einen Sack mit Pfennig' küssen,
Der oben steht im Winkel Eurer Truhe,
Und hier spart Ihr Euch ab, um dort zu sammeln?
Nennt Ihr das recht? Seht Ihr, so sind wir wett.
G r e g o r. Das also war's?
L e o n.   Ja das. Und nicht bloß ich,
Auch andre Leute nehmen das Euch übel,   270
Und seht, das kränkt mich, Euern treuen Diener.
G r e g o r. Da, seh ich, wird Rechtfertigung zur Pflicht.
Ein Seelenhirt soll gutes Beispiel geben,
Und nimmer komme Ärgernis durch mich.
Setz dich und höre, wie ich mich verteid'ge.
L e o n. Je Herr!
G r e g o r.   Ich sage: setze dich!
L e o n.   Nun, hier denn.
(Er setzt sich auf die Erde vor dem Bischof nieder.)
G r e g o r. Dich hat geärgert, daß ich Spargut häufe,
Das Geld geküßt, das ich mir abgedarbt.
Hör zu! Vielleicht, daß du mich dann entschuldigst.
Als man, es ist jetzt übers Jahr, den Frieden,   280
Den langersehnten, schloß mit den Barbaren
Jenseits des Rheins, da gab und nahm man Geisel,
Sich wechselseits mißtrauend, und mit Recht.
Mein Neffe, meiner einz'gen Schwester Sohn,
Mein Atalus, war in der Armen Zahl,

Die, aus dem Kreis der Ihren losgerissen,
Verbürgen sollten den erlognen Frieden.
Kaum war er angelangt bei seinen Hütern
Im Rheingau, über Trier weit hinaus,
Wo noch die Roheit, die hier Schein umkleidet,   290
In erster Blöße Mensch und Tier vermengt,
Kaum war er dort, so brach der Krieg von neuem,
Durch Treubruch aufgestachelt, wieder los,
Und beide Teile rächen an den Geiseln,
Den schuldlos Armen, ihrer Gegner Schuld.
So liegt mein Atalus nun hart gefangen,
Muß Sklavendienst verrichten seinem Herrn.

Leon. Ach je, daß Gott!

Gregor.   Ich hab um Lösung mich verwendet.
Doch fordern seine Hüter hundert Pfund
An guter Münze fränkischen Geprägs.   300
Und so viel hab ich nicht.

Leon.   Ihr scherzt doch nur,
Denn dreimal hundert Pfund, und wohl noch drüber,
Zinst ihrem Vorstand Langres' Kirchgemeine.

Gregor. Das ist das Gut der Armen und nicht meins.
Dem Bischof gab man, daß er geben könne,
Des Kirchenguts Verwalter, nicht sein Herr.
Doch Kleidung, Nahrung und des Leibes Notdurft,
Das mag der Bischof fordern, wie ein andrer,
Und was er dran erspart, ist *sein* vielleicht.
Vielleicht; vielleicht auch nicht. Ich hab's gewagt zu
                                                 deuten.   310

Sooft ich nun ein armes Silberstück
Von meinem Teil erspart, leg ich's beiseite,
Wie du gesehn, und mag's auch manchmal küssen,
Wie du mir vorwirfst; denn es ist das Lösgeld
Für meinen Atalus, für meinen Sohn.

Leon *(aufspringend).*
Und ist schon viel im Sack?

Gregor.   Schon bei zehn Pfund.

Leon. Und hundert soll er gelten? Herr, mit Gunst!
Da mögt Ihr lange sparen, bis es reicht.
Indes quält man den armen Herrn zu Tod.   319

Gregor. Ich fürchte, du hast recht.

L e o n.   Je, Herr, das geht nicht.
  Das muß man anders packen, lieber Herr.
  Hätt' ich zehn Bursche nur gleich mir, beim Teufel! –
  Bei Gott! Herr, wollt' ich sagen – ich befreit' ihn.
  Und so auch, ich allein. Wär' ich nur dort,
  Wo er in Haft liegt! – Herr, was gebt Ihr mir? –
  Das ist 'ne Redensart, ich fordre keinen Lohn. –
  Was gebt Ihr mir, wenn ich ihn Euch befreie?
  Wär' ich nur dort, ich lög' ihn schon heraus.
G r e g o r. Weh dem, der lügt!
L e o n.   Ja so? Nu, Herr, mit Gunst!
  Um Gotteswillen gibt man ihn nicht frei.   330
  Da bleibt nichts übrig, als: wir reden Wahrheit,
  Und er bleibt, wo er ist. Verzeiht! und Gott befohlen!
  Ich hab's nicht schlimm gemeint. *(Er geht.)*
G r e g o r.   Du Vater aller,
  In deine Hand befehl ich meinen Sohn!
L e o n *(umkehrend).*
  Ach Herr, verzeiht! es fuhr mir so heraus.
  Weiß man doch kaum, wie man mit Euch zu sprechen.
  Ich hatte fast ein Plänchen ausgedacht,
  Den dummen Teufeln im Barbarenland,
  Des Neffen Hütern, seht, eins aufzuheften
  Und ihn wohl gar, wenn's gut geht, zu befrein.   340
  Doch Wahrheit, Herr –
G r e g o r.   Du sollst nicht fälschlich zeugen,
  Hat Gott der Herr im Donnerhall gesprochen.
L e o n. Allein bedenkt –!
G r e g o r.   Weh dem, der lügt!
L e o n. Und wenn nun Euer Neffe drob vergeht?
G r e g o r. So mag er sterben, und ich sterbe mit.
L e o n.
  Ach, das ist kläglich! Was habt Ihr gemacht?
  Ich bin nun auch in Haft, geplagt, geschlagen,
  Kann nimmer ruhn, nicht essen, trinken, schlafen,
  Solang das zarte Herrlein Euch entwandt.
  Bei Trier, sagt Ihr, liegt er; war's nicht so?   350
G r e g o r. Ja wohl!
L e o n.   Wie, Herr, wenn eins zum Feinde ginge,
  Statt Atalus sich stellte dem Verhaft?

G r e g o r.
  Zu Geiseln wählt man mächt'ger Leute Kinder;
  Leon bürgt kaum für sich, wie denn für andre?
L e o n. Hm, das begreift sich. – Doch wenn Atalus
  Ersäh' den Vorteil, seiner Haft entspränge?
G r e g o r. Er möcht' es ohne Sünde, denn der Krieg
  Zählt ihrer Bürgschaft los des Friedens Geiseln,
  Und nur mit Unrecht hält man ihn zurück.
  Allein wie könnt' ein Jüngling, weich erzogen,   360
  Vielleicht zu weich, in solcher Not sich helfen,
  Durch wüste Steppen wandern, Feinden trotzen,
  Der Not, dem Mangel? – Atalus kann's nicht.
L e o n. Doch wenn ein tücht'ger Bursch zu Seit' ihm stände,
  Ihn zu Euch brächte, lebend und gesund?
  Entlaßt mich Eures Diensts!
G r e g o r.   Was sinnest du?
L e o n. Ich geh nach Trier.
G r e g o r.   Du?
L e o n.   Bring Euch den Neffen.
G r e g o r.
  Dünkt dir zu scherzen Zeit?
L e o n.   Vergeb' Euch's Gott!
  Ich scherzte nicht, drum sollt auch Ihr nicht scherzen.
  In vollem Ernst, ich stell Euch Euern Sohn.   370
G r e g o r.
  Und wenn du's wolltest, wenn du's unternähmst,
  Ins Haus des Feinds dich schlichest, ihn betrögst,
  Mißbrauchtest das Vertraun, das Mensch dem Menschen
                                          gönnt,
  Mit Lügen meinen Atalus befreitest;
  Ich würd' ihn von mir stoßen, rück ihn senden
  Zu neuer Haft; ihm fluchen, ihm und dir.
L e o n. Topp! Herr, auf die Bedingung. – Aber seht,
  Wenn nicht ein bißchen Trug uns helfen soll,
  Was hilft denn sonst?
G r e g o r *(stark)*.   Gott! Mein, dein, aller Gott!
L e o n *(auf die Knie fallend)*.
  O weh, Herr!
G r e g o r. Was?
L e o n.   Es blitzte.

Gregor.   Wo?
Leon.   Mir schien's so.   380
Gregor. Im Innern hat des Guten Geist geleuchtet,
  Der Geist des Argen fiel vor seinem Blitz.
  Was dir in diesem Augenblicke recht erscheint,
  Das tu! Und sei dir selber treu und Gott.
  Weh dem, der lügt!
Leon *(der aufgestanden ist).*
                        So gebt Ihr mir Vergünst'gung?
Gregor. Tu, was dir Gott gebeut; vertrau auf ihn!
  Vertraue, wie ich's nicht getan, ich nicht,
  Ich schwacher Sünder nicht.
                                Hier, nimm den Schlüssel
  Zum Säckel, der in meiner Truhe liegt.
*(Er zieht ihn aus der Brust und will ihn Leon geben, gibt ihn
aber dem Hausverwalter, der zur Seite sichtbar geworden ist
und sich damit entfernt.)*
  Er hält zehn Pfund, des Neffen Lösegeld,   390
  Das ich gespart, den Darbenden entzogen,
  Vom Golde hoffend, was nur Gott vermag.
  Verteil's den Armen, hilf damit den Kranken.
  Es soll der Bischof nimmer Spargut sammeln;
  Den Hirten setzt man um der Herde wegen,
  Der Nutzen ist des Herrn. Leb wohl, mein Sohn!
  Den Winzer ruft der Herr in seinen Garten,
  Die Glocke tönt, und meine Schafe warten. *(Ab.)*
        (Leon steht unbeweglich. Ein Pilger naht.)
Pilger *(die Hand ausstreckend).*
  Ein armer Pilgersmann.
Leon.   Was ist? Wer bist du?
Pilger. Ein armer Mann, von Kompostella pilgernd   400
  Zur Heimat weit.
Leon.   Wohin?
Pilger.   Ins Rheingau, lieber Herr.
Leon. Ins Rheingau?
Pilger.   Hinter Trier.
Leon.   Trier?
Pilger.   Noch zwei Meilen.
Leon.
  Nach Trier? – Gott! Nimmst du mich mit, mein Freund?

Pilger.
   Wenn Ihr nicht Wegeslast und Mangel scheut.
(Herr Sigrid ist mit dem Säckel gekommen; Leon nimmt
    ihn.)

Leon. Ha, Mangel? Sieh den Säckel! – Aber halt!
   Den Armen hat's der gute Herr beschieden,
   Den Armen sei's. Hier, Freund, für dich ein Stück,
   Arm bist du ja doch auch!
                  Das andre euch!
(Arme und Bresthafte, die sich am Gittertor gesammelt
     hatten, sind nach und nach eingetreten.)
   Ich ziehe fort mit Gott und seinem Schirm.
(Er verteilt das Geld unter sie.)
   Er wird vollenden, was mit ihm begonnen.   410
(Zum Pilger, der dem Gelde nachsieht.)
   Du hast dein Teil. Nach Trier fort, mit Gott!
(Er zieht ihn fort.)

ZWEITER AUFZUG

*Innerer Hof in Kattwalds Hause. Die rechte Seite schließt
eine Lehmwand mit einem großen Tor. Links im Mittel-
grunde eine Art Laube von Brettern, als Vorküche, deren
Fortsetzung durch die Kulisse verdeckt ist. Im Hintergrunde, bis in die Mitte der Bühne hineinreichend, von
einem Graben umgeben, die große Halle des Hauses, deren
Fenster nach vorn gehen. Die Verbindung wird durch eine
hölzerne Brücke hergestellt, die von der seitwärts angebrach-
ten Tür der Halle an, parallel mit der Bühne laufend, durch
eine Seitenabdachung sich nach vorn wendet.*

Der Pilger und Leon kommen.

Pilger.
   Nun seht denn, mein Versprechen ist erfüllt.
   Wir sind im Hause Kattwalds, Graf im Rheingau.
   Die Wand hier schließt sein inneres Gehöft,
   Und jene Halle herbergt seine Gäste.

Geladne Gäste nämlich, denn, mein Freund,
Mit ungeladnen fährt er nicht gar sanft.
Ich sag Euch das voraus, daß Ihr Euch vorseht.
L e o n. Ich werde wohl. Habt Dank!

                          So hieß es: Kattwald,
Der Graf im Rheingau, da liegt er gefangen.   420
P i l g e r. Ihr wart so munter auf der ganzen Reise,
Nun seid Ihr ernst.
L e o n.   Man wird's wohl ab und zu!
Doch mahnt Ihr recht. Nur froher Mut vollbringt.
Leon, sei erst Leon. Und eins bedenke:
Weh dem, der lügt! – So mindstens will's der Herr.
(Achselzuckend.)
Man wird ja sehn. – Nun, Freund, zwei Worte noch!
P i l g e r.
Ein Wort auch noch zu Euch, so schwer mir's fällt.
Ich hab Euch her in dieses Haus geleitet,
Wich drum von meiner Straße weithin ab
Und muß zurück nun manche lange Meile.   430
Die Reisezehrung ist zu Ende.
L e o n.   Recht!
Gerade davon wollt' ich sprechen.
P i l g e r.   Auch
Habt Ihr wohl selbst, da wir die Fahrt begannen,
Mir zugesichert –
L e o n.   Reichliche Belohnung.
P i l g e r. Und nun –
L e o n.   Seh ich dir nachgerad nicht aus,
Als ob von Lohn gar viel zu holen wäre?
P i l g e r. In Wahrheit fürcht ich –
L e o n.   Fürchte nicht!
Geld oder Geldeswert, das ist dir gleich?
P i l g e r. Ja wohl.
L e o n.   Nun, Geld hab ich auch wirklich nicht;
Doch Ware, Ware, Freund.
P i l g e r.   Ei, etwa leichte?   440
L e o n. Nicht leichter als ein Mensch von unserm Schlag.
Kurz, einen Sklaven, Freund!
P i l g e r.   Wo wär' denn der?
L e o n. Ei, hier.

Pilger *(sich rings umsehend).*
      Wo denn? Wir sind ja ganz allein.
Leon. Das macht, der Sklav' ist eben unter uns.
Pilger *(zurückweichend).*
    Ich bin ein freier Mann.
Leon.   Nu also denn!
  Wir sind zu zwei. Ist einer nun der Sklave,
  Und du bist's nicht, so kann nur ich es sein.
Pilger. Ei, plumper Scherz!
Leon.   Der Scherz, so plump er ist,
  Ist fein genug für etwas plumpe Leute.
  Kurz, Freund, ich schenke mich als Sklaven dir,   450
  Auf die Bedingung, daß du mich verkaufst,
  Und zwar im Hause hier. Der Preis ist dein,
  Und ist der Lohn, den damals ich versprochen.
  (Er geht gegen das Haus zu.)
  Heda, vom Haus! Herbei!
Pilger.   So hört doch nur!
Leon. Niemand daheim?
Kattwald *(im Innern des Hauses).*
      Hurra! Packan! Hallo!
Leon. Die Antwort ist uns etwas unverständlich.
  Kommt erst und seht!
Kattwald *(auf der Brücke erscheinend).*
      Was also soll es?
Pilger.   Er ist toll.
Kattwald *(herabkommend).*
  Und wer hat euch erlaubt?
Leon.   Ei was, erlaubt!
  So was erlaubt sich selbst. Wen's schmerzt, der schreit.
  Wer seid Ihr denn?
Kattwald.   Potz Blitz! und wer bist du?   460
Leon. Und wer seid Ihr?
Kattwald.   Man wird dir Beine machen.
  Ich bin Graf Kattwald.
Leon.   Kattwald? Eben recht.
  Seht nur, an Euch will mich mein Herr verkaufen.
Kattwald. An mich?
Leon.   Im Grund ist's lächerlich. Ja wohl!
  Ein schmucker Bursch aus fränkischem Geblüt,

Am Hof erzogen, von den feinsten Sitten,
Und den in ein Barbarennest verkauft,
Halb Stall, halb Gottes freier Himmel. Pah!
Doch ist's einmal beschlossen, und so bleibt's.

Kattwald.
Was hält mich ab, die Knechte 'rauszurufen　　470
Und dich samt deinem Herrn mit Hieb und Stoß –?

Leon *(zum Pilger).*
Seht Ihr? nun bricht er los. Es geht nicht, fürcht ich.
Verkauft mich unter Menschen, doch nicht hier.

Kattwald.
Wer ist der tolle Bursch?

Pilger.　　　　　　　Je, Herr –

Leon.　　　　　　　　　　　Mit Gunst!
Ich bin sein Sklav', man hat mich ihm geschenkt,
Er will mich Euch verkaufen, das ist alles.

Kattwald.
Dich kaufen? Ei, du stählest wohl dein Brot.

Leon. Wie Ihr's versteht! Ich schaffe selbst mein Brot
Und schaff's für andre auch.
(Zum Pilger.)　　　　　　Erklärt ihm das,
Und wer ich bin, und meine Qualitäten.　　480

Pilger. Er ist ein Koch, berühmt in seinem Fach.

Kattwald. So kannst du also kochen?

Leon *(zum Pilger).*　　　　　　　Hört Ihr wohl?
(Zu Kattwald.)
Ja, kochen, Herr. Doch nur für fränk'sche Gaumen,
Die einer Brühe Reiz zu schmecken wissen,
Die Zutat merken und die feine Würze.
Die, seht Ihr? so das Haupt zurückgebogen,
Das Aug' gen Himmel, halb den Mund geschlossen,
Die Luft gezogen schlürfend durch die Zähne,
Euch fort und fort den Nachgeschmack genießen,
Entzückt, verklärt.

Kattwald.　　　　　Ei je, das kann ich auch.　　490

Leon. Die rot Euch werden, wenn der Braten braun,
Und blaß, wenn er es nicht.

Kattwald.　　　　　　　Braun, braun, viel lieber braun.

Leon. Doch, Herr, zu braun –

Kattwald.　　　　　　So recht die Mitte.

L e o n.
  Die Euch vom Hirsch den schlanken Rücken wählen,
  Das andre vor die Hunde.
K a t t w a l d.   Ah, die Schenkel –
L e o n. Ich sag Euch: vor die Hunde. Doch was red ich?
  Hier nährt man sich, der Franke nur kann essen.
K a t t w a l d.
  Ei, essen mag ich auch, und gern was Gutes.
  Wie teuer haltet Ihr den Burschen da?
L e o n. Am Ende paß ich wirklich nicht für Euch.   500
K a t t w a l d.
  Du sollst gehalten sein nach Wunsch und Willen.
L e o n. Ein Künstler lebt und webt in seiner Kunst.
K a t t w a l d. Ei künstle zu, je mehr, um desto lieber.
  Längst hätt' ich mir gewünscht 'nen fränk'schen Koch,
  Man sagt ja Wunder, was sie tun und wirken.
  Wie teuer ist der Mann? Und grade jetzt,
  An meiner Tochter Hochzeittag; da zeige,
  Was du vermagst. An Leuten soll's nicht fehlen,
  Die vollauf würdigen, was du bereitet.
  Wie teuer ist der Mann?
L e o n.   Wenn Ihr versprecht,   510
  Zu halten mich, nicht wie die andern Diener;
  Als Hausgenoß, als Künstler.
K a t t w a l d.   Je, ja doch.
L e o n. Euch zu enthalten alles rohen Wesens
  In Worten, Werken.
K a t t w a l d.   Bin ich denn ein Bär?
  Wie teuer ist der Mann?
L e o n.   Wenn Ihr –
K a t t w a l d.   Zu tausend Donner!
  Wie teuer ist der Mann? frag ich noch einmal.
  Könnt' Ihr nicht reden, oder wollt Ihr nicht?
P i l g e r. Je Herr –
K a t t w a l d.   Nu, Herr?
P i l g e r.   Es ist –
K a t t w a l d.   Nu was?
P i l g e r.   Ich dächte –
K a t t w a l d.
  Wenn Ihr den Preis nicht auf der Stelle nennt,

So hetz ich Euch mit Hunden vom Gehöfte. 520
Bin ich Eu'r Narr?
Pilger *(gegen Leon)*. Wenn ich denn reden soll.
Leon. Ei, redet nur.
Pilger. So mein ich: zwanzig Pfund.
Kattwald. Edrita! Zwanzig Pfund aus meiner Truhe!
Leon.
Was fällt Euch ein? Um zwanzig Pfund? Ei, schämt Euch!
Ein Künstler, so wie ich.
Kattwald. Was geht das dich an?
Leon. Ich tu's wahrhaftig nicht. Ich geh mit Euch.
Kattwald.
Du bleibst.
Leon. Nein, nicht um zwanzig Pfund. Macht dreißig!
Kattwald. Ein Sklave, der sich selbst verkaufen will!
Leon. Nicht unter dreißig.
Kattwald *(zum Pilger)*. Wir sind handelseins.
Leon. Ich aber will nicht.
Kattwald. Ei, man wird dich zwingen. 530
Leon.
Mich zwingen? Ihr? Wenn Ihr nicht dreißig zahlt,
Lauf ich beim ersten Anlaß Euch davon.
Kattwald. Versuch es!
Leon. Stürze mich vom höchsten Giebel.
Kattwald. Man bindet dich.
Leon. Versalz Euch alle Brühen.
Kattwald.
Halt ein, verwegner Bursch! – Nu, fünfundzwanzig.
Mit fünfundzwanzig Pfund –
Leon. Herr, dreißig, dreißig.
Es geht um meine Ehre.
Kattwald. Sollt sie haben.
Geht in mein Haus, laßt Euch das Geld bezahlen.
Ich kann nicht mehr. Der Ärger bringt mich um.
Pilger. So soll ich denn –?
Leon. Geht hin, holt Euern Lohn! 540
Pilger. Ihr aber bleibt?
Leon. Ich bleibe hier, mit Gott.
Pilger. Nun, er behüt' Euch, wie er Euch versteht.
(Pilger geht.)

Kattwald *(der sich gesetzt hat).*
Nun bist du mein, nun könnt' ich dir vergelten,
Was du gefrevelt erst mit keckem Wort.

Leon.
Wenn Ihr schon wollt, tut's bald; denn, wie gesagt,
Ich lauf davon.

Kattwald *(aufspringend).*
Daß dich! – Und doch, 's ist töricht.
Schau, hier entkommst du nicht. Ich lache drob.
Weißt du, wie's einem Burschen jüngst erging,
Der uns entspringen wollte? einem von den Geiseln
Jenseits des Rheins.

Leon. Ach, Herr!

Kattwald. Man fing ihn wieder, 550
Und –

Leon. Und?

Kattwald. An einem Baumstamm festgebunden,
Ward seine Brust ein Ziel für unsre Pfeile.

Leon. Ein Franke, Herr? Ein fränk'scher Geisel?

Kattwald. Wohl.
Der Neffe –

Leon. Neffe?

Kattwald. Von des Königs Kämmrer
Klotar.

Leon *(aufatmend).*
Verzeih mir meine Sünde!
Ich kann nur sagen: Gott sei Dank!

Kattwald.
Doch bist du klug; du wirst es nicht versuchen.
Sieh nur, das weiß ich, sprich auch, was du willst.
Am Ende wirst du finden, daß dir's wohlgeht,
Und lust'ge Leute kennen ihren Vorteil, 560
Nur Grämlichen wird's ewig nirgends wohl.
Auch mag ich dir den kecken Ton erlauben,
Wenn wir allein sind; doch vor Leuten, Bursche –

Leon. Husch, husch!

Kattwald *(zusammenfahrend).*
Was ist?

Leon. Dort lief ein Marder,
Gerad ins Hühnerhaus.

K a t t w a l d.   Daß dich die Pest!
  Nun hab ich's satt. Die Peitsche soll dich lehren –
L e o n *(singt).*   Trifft die Peitsche den Koch,
            So rächt er sich doch,
            Mag die Peitsche auch kochen,
            Solang er im Loch.   570
K a t t w a l d. Sing nicht!
       (Leon pfeift die vorige Melodie.)
           Und pfeif auch nicht!
L e o n.   Was sonst denn?
K a t t w a l d.   Reden.
L e o n. Nun also: Euer Drohen acht ich nicht.
  Ihr könnt mich plagen; ei, ich plag Euch wieder.
  Ihr laßt mich hungern, ich laß Euch desgleichen;
  Denn Euer Magen ist mein Untertan,
  Mein untergebner Knecht von heute an,
  Wir stehn als Gleiche gleich uns gegenüber.
  Drum laßt uns Frieden machen, wenn Ihr wollt.
  Ich bleib bei Euch, solang es mir gefällt,
  Bin Euer Koch, solang ich mag und will.   580
  Mag ich nicht mehr, gefällt's mir fürder nicht,
  So geh ich fort, und all Eu'r Drohn und Toben
  Soll mich nicht halten, bringt mich nicht zurück.
  Ist's Euch so recht, so gebt mir Eure Hand.
K a t t w a l d.
  Die Hand! Was glaubst du denn?
L e o n.   Ihr fallt schon wieder
  In Euern alten Ton. – He, Knechte, ho!
  Kommt her und bindet mich! Bringt Stricke, Pflöcke!
  Sonst geh ich fort, fast eh' ich dagewesen.
  He, holla, ho!
K a t t w a l d.   So schweig nur, toller Bursch!
  Hier hast du meine Hand, auf daß du bleibst –   590
L e o n. Und fortgeh, wenn –
K a t t w a l d.   Du kannst. Und wenn du *willst*,
  Setz ich hinzu und weiß wohl, was ich sage.
  Besorgst du mir den Tisch, wie ich es mag,
  So soll dir Kattwalds Haus wohl noch gefallen.
  Und nun geh an dein Amt und zeig mir Proben
  Von dem, was du vermagst.

L e o n.   Wo ist die Küche?
K a t t w a l d. Nun, dort.
L e o n.   Das Hundeställchen? Ei, Gott walt's!
Das hat nicht Raum, nicht Fug, nicht Schick.
K a t t w a l d.   Nu, nu!
Begnüg dich nur für jetzt, man wird ja sehn.
Was gibst du heute mittags?
L e o n.   Heute mittags?   600
(Ihn verächtlich messend.)
Rehbraten etwa.
K a t t w a l d.   Gut.
L e o n.   Gedämpftes. – Aber nein.
K a t t w a l d *(eifrig).*
Warum nicht?
L e o n.   Ihr müßt erst essen lernen,
Erst nach und nach den Gaum, die Zunge bilden,
Bis Ihr des Bessern wert seid meiner Kunst.
Für heute bleibt's beim Braten, und aufs höchste –
Wir wollen sehn.
K a t t w a l d.   Nun sieh nur, sieh!
L e o n *(rufend).*   Nun Holz
Und Fett und Mehl und Würze! Tragt zusammen,
Was Hof und Haus vermag. He, Knechte, Mägde!
(Diener sind gekommen.)
Du feg den Estrich! Du bring Holz herbei!
Ist das Gerät? Habt Ihr nicht schärfre Messer?   610
Das Fleisch mag angehn. Pfui, was trockne Rüben!
(Er wirft sie weit weg.)
Der Pfeffer stumpf. *(Er schüttet ihn auf den Boden.)*
                    Was knaupelst du da 'rum?
Du Tölpel, willst du gehn?
(Er jagt ihn mit einem Fußtritt aus der Küche.)
                          Verfluchtes Volk!
(Er nimmt einem die Schürze und bindet sie um.)
Hat man nicht seine Not mit all den Tieren?
E d r i t a *(kommt).* Was ist denn hier für Lärm?
K a t t w a l d.   Pst, pst! Der neue Koch.
E d r i t a. Für den Ihr so viel Geld –?
K a t t w a l d.   Ja wohl. Sei still!
Er weist uns sonst noch beide vor die Tür.

E d r i t a. Doch wer erlaubt ihm, so zu lärmen?
K a t t w a l d.   Je!
  Ein Künstler, Kind! Ein großer Mann, dem's rappelt.
  Man muß das Volk wohl dulden, will man's brauchen. 620
  Ich schleiche fort; bleib du mal da und schau,
  Ob du was absehn kannst. Doch stör ihn nicht.
  Hörst du? Nur still! Und mittags in der Halle.
  (Er geht.)
(Leon beschäftigt sich in der Küche. Edrita steht entfernt
                    und sieht ihm zu.)
L e o n *(singt).* Den Wein, den mag ich herb,
                    Der Tüchtige sei derb.
  (Sprechend.) Pfui Süßes! Hol' der Teufel das Süße!
E d r i t a.
  Ein schmucker Bursch; doch vorlaut, wie es scheint.
  Ich will mir ihn ein wenig nur betrachten.
L e o n *(singt).* Der Reiter reitet ho, ho!
                    Da ruft sie vom Fenster he, he!   630
                    Er aber lächelt ha, ha!
                    Bist du da?
  (Sprechend.) Nun freilich da, wo sollt' ich auch sonst sein?
E d r i t a. Bemerkt er mich in Wahrheit nicht, wie, oder
  Stellt er sich an? Ich will nur zu ihm sprechen.
  He, guter Freund!
L e o n *(ohne aufzusehen).*
                    He, gute Freundin. Ei,
  Ich mag die guten Freundinnen wohl leiden!
E d r i t a. Was macht Ihr da?
L e o n *(der Fleisch auslöst, ohne aufzusehen).*
                    Ihr seht, ich spalte Holz.
E d r i t a *(sich zurückziehend).*
  Nun, das war grob.
L e o n *(singt).* Wer Augen hat, ohne zu sehn,   640
                    Wer Ohren hat und nicht hört,
    Ist Ohren, beim Teufel, und Augen nicht wert.
E d r i t a. Ich sah wohl, was Ihr tut, doch sah ich auch,
  Daß Ihr das Gut verderbt, das Ihr bereitet,
  Und darum fragt' ich Euch. Seht einmal selbst!
  Ihr schneidet ab die besten Stücke. Hier!
(Sie hat hinweisend den Finger dem Hackbrette genähert.

Leon schlägt mit dem Messer stärker auf. Sie zieht schreiend
                    den Finger zurück.)
    Ei Gott! das ist ein grober Bursch. Bewahr'!
    Nun sprech ich nicht mehr, gält' es noch so viel.
L e o n. Es geht nicht! Nur daheim ist Arbeit Lust,
    Hier wird sie Frone. Da lieg du und du!   650
    (Er legt Messer und Schürze weg.)
    Sie mögen zusehn, wie sie heut sich nähren.
    Ich will mal eins spazierengehn. – Ja dort,
    Dort geht der Weg ins Freie. Laßt doch sehn!
E d r i t a.
    Das wird dir schlimm bekommen, grober Mensch!
    Denn kaum im Freien, packen dich die Knechte
    Und führen dich mit manchem Schlag zurück.
L e o n. Ja so! Ihr fürchtet, daß man sich verkühle.
    Die freie Luft ist ungesund. Recht gut!
    So laß denn du uns miteinander plaudern.
    Ein feines Mädchen! Je, mein gutes Kind,   660
    Kann man dir nahen, ohne viel zu wagen?
E d r i t a. Wie meinst du das?
L e o n.   Je, trifft man ein Geschöpf
    Von einer neuen, niegesehnen Gattung,
    So forscht man wohl, ob es nicht kneipt, nicht sticht,
    Nicht kratzt, nicht beißt; zum mind'sten will's die
                       Klugheit.
E d r i t a. So hältst du uns für Tiere?
L e o n.   Ei bewahre!
    Ihr seid ein wackres Völkchen. Doch verzeih!
    Vom Tier zum *Menschen* sind der Stufen viele.
E d r i t a. Armseliger!
L e o n.   Sieh, Mädchen, du gefällst mir!
    Das läßt sich bilden, ich verzweifle nicht.   670
E d r i t a. Weißt du auch, wer ich bin?
L e o n.   Ja doch, ein Mädchen.
E d r i t a.
    Und deines Herrn, des Grafen Kattwald, Tochter.
L e o n. Ei, liebes Kind, da bist du nicht gar viel.
    Ein fränk'scher Bauer tauschte wahrlich nicht
    Mit Eures Herren Herrn. Denn unter uns:
    Ein Mensch ist um so mehr, je mehr er Mensch.

(Mit einem Blick auf die Umgebung.)
Und hier herum mahnt's ziemlich an die Krippe.
Doch bist du hübsch, und Schönheit war und ist
So Adelsbrief als Doktorhut den Weibern.
Drum laß uns Freunde sein! *(Er will sie umfassen.)*

E d r i t a.   Verwegener!   680
Man rühmt die feinen Sitten deines Volks,
Du aber bist entartet und gemein.
Was sahst du wohl an mir, was sprach, was tat ich,
Das dich zu solcher Dreistigkeit berechtigt?
Und wenn denn auch —

L e o n.   Mein Kind, wohl gar ein Tränchen?
Hörst du? Das Köpfchen hübsch zu mir gewandt!
Ich bitte dich: verzeih! Bist nun zufrieden?

E d r i t a. Wohlan, ich bin's. Ich mag nicht gerne grollen.
Auch nahm ich es wohl minder schmerzlich auf,
Ja, wies den Kühnen früher schon zurück,   690
Wenn du mir nicht gefielst, fürwahr gleich anfangs.
Sie sprechen viel von Euern fränk'schen Leuten,
Von ihren Sitten, Künsten; und der erste nun,
Auf den ich stieß, so ungeschlacht und roh

L e o n. Verzeih! noch einmal, und: ich tu's nicht wieder.
Wir haben unsre Weise nun erkannt,
In Zukunft soll kein Zank uns mehr betrüben.

E d r i t a. In Zukunft? Ja, was nennst du Zukunft denn?
Mein Bräutigam ist hier, und morgen schon
Gibt man ihm meine Hand drin in der Halle.   700
Dann noch zwei Tage höchstens oder drei,
Und wir ziehn fort auf seine ferne Hube.

L e o n. So bist du Braut? Je sieh, das tut mir leid.
Wer ist dein Bräutigam? Wie heißt, was treibt er?

E d r i t a. Ich nenn ihn nur den dummen Galomir.

L e o n. Den *dummen* Galomir? O weh!

E d r i t a.   Ja wohl!
Doch ist er unser nächster Stammverwandter,
Und so gebührt ihm meine Hand.

L e o n.   Je freilich!
Und was die Klugheit, die ihm fehlt, betrifft:
Mein Kind, die dummen Männer sind die besten.   710

E d r i t a. So dacht' ich auch.

L e o n.   Sie lassen sich was bieten.
E d r i t a. Und fordern alles nicht nach ihrem Kopf.
   Doch siehst du, manchmal, wenn auch nicht so oft,
   Spricht man doch gern einmal ein kluges Wort.
L e o n. Kommt dir die Lust, ein kluges Wort zu sprechen,
   So geh in Wald hinaus und sag's den Bäumen,
   Dann kehr erleichtert in dein Haus zurück.
   Denn was dir selber nützt, taugt nicht für viele.
   Was vielen frommt, das wächst mit Gras und Kraut.
E d r i t a. Ganz faß ich's nicht, doch will ich's also halten.
   Nur freilich wünscht man Antwort, wenn man spricht. 721
L e o n. Das findet sich, eh man's gedacht. Doch nun
   Laß uns den Tag benützen, der uns bleibt.
   Führ mich ins Feld hinaus, zeig mir die Gegend.
   Auch möcht ich, wie's erfordert mein Geschäft,
   Nach Wurzeln etwa suchen, Würze, Kräutern.
   O Atalus!
E d r i t a. Wie sagst du?
L e o n.   Atalus.
E d r i t a.
   Ist das ein Kräutlein auch?
L e o n.   Wie du's nun nimmst.
E d r i t a. Ein nährendes?
L e o n.   Mir nährt es Herz und Sinn.
   Doch will ich dich nicht eben nur betrügen.   730
   Der Name eines Freunds ist's, den ich suche.
   Du lachst?
E d r i t a. Ei, eines Atalus gedenk ich,
   Der hier bei uns.
L e o n.   Ein Franke?
E d r i t a.   Ja, vom Rhein.
L e o n. Der Neffe –?
E d r i t a.   Sieh, ich weiß nicht, was er ist,
   Doch liegt er hier als Geisel unsrer Herrn.
   Das ist ein trockner Bursch und gut zu necken.
   Wenn du versprichst, recht fromm zu sein und artig,
   Und etwa zu entfliehen nicht versuchst –
L e o n. Sorgst du um mich?
E d r i t a.   Denk nur, das viele Geld,
   Das kurz nur erst für dich der Vater gab.   740

L e o n. Ei, geizig, wie die Weiber alle sind!
E d r i t a. Doch weißt du ja, unmöglich ist die Flucht.
 . Ich nehme denn das Körbchen, und du folg.
L e o n. Doch naht dort jemand.
E d r i t a.   Ei, wer immer!
G a l o m i r *(der auf der Brücke erscheint).* Eh!
E d r i t a. Was kümmerst du mich, dummer Galomir!
G a l o m i r *(poltert die Brücke hinan, ins Haus zurück).*
E d r i t a. Ei, sag's dem Vater nur, mich stört das wenig.
  Nun komm, eh' man uns hindert. Folg mir rasch,
  Ich zeige dir den Garten und die Gegend.
  Dann unsern Atalus, der auch, wer weiß?
  Der deine wohl. Zum mindsten ist's ein Landsmann,   750
  Des Anblick dich entschädigt für den unsern.
  Verstell dich nicht, so ist's. Willst du, so komm!
  (Sie geht gegen das Tor zu.)
L e o n. Das geht ja rascher, als ich dacht' und hoffte.
  Der Himmel, scheint's, kürzt ab mir mein Geschäft.
  Ich nehm es dankbar an. – Sieh nur, hier bin ich!
    (Er folgt ihr. Beide gehen ab.)

Kurze Gegend, mit Bäumen besetzt.

Der Schaffer kommt, vor ihm her Atalus.

S c h a f f e r. Bist du schon wieder müßig, wie du pflegst?
  Dort gehn die Pferde weiden. Hier dein Platz.
  Und wenn sich eins verliert, so wär' dir besser,
  Du hättst dich selbst verloren, als das Tier.
*(Atalus setzt sich im Vorgrunde rechts auf die Erde. Der
        Schaffer geht. Nachdem dieser fort ist.)*
A t a l u s. Geh nur, du grober Bauer, geh! Ich wollt',   760
  Vergiften könnt' ich sie mit *einem* Blick.
  (Er schnitzt an einem Stock.)
  Hab ich den derben Stock erst zugeschnitzt,
  Dann nah' mir einer nur.
                          Verwünschtes Volk!
  Und auch das grobe Hemd kratzt mir die Haut,
  Und nichts als Brot und grüne Kost zur Nahrung.
  Wär' ich erst wieder heim bei meinem Ohm!

    Der denkt nicht mein und läßt sich's wohl ergehn,
    Indes ich hier bei diesen Heiden schmachte.
            (Edrita und Leon kommen.)
E d r i t a *(Kräuter pflückend).*
    Sieh, hier ist Salbei, blaues Kerbelkraut.
    Und dort dein Landsmann, schau nur, Atalus.   770
    Der brummt in seinen Bart und schwingt den Stock,
    Damit vermeint er, all uns zu erschlagen.
    Ei, Gott zum Gruß, mein hochgestrenger Herr!
    Das ärgert ihn. – Verweile hier ein wenig!
    Ich will zum Garten noch des Schaffers gehn;
    Dort wächst am Zaune schöner Majoran,
    Davon stibitz ich etwa dir ein Händchen.
    (Sie setzt das Körbchen nieder.)
    Bleib nur indes!
L e o n.   Ja wohl.
E d r i t a.   Bald komm ich wieder.
    (Sie geht.)
(Leon setzt sich links im Vorgrunde auf den Boden nieder
        und legt den Inhalt des Körbchens aus.)
L e o n. Das hier ist Kraut und das gesprenkter Kohl –
    He, Atalus!
A t a l u s *(gerade über sich blickend).*
         Ruft's da?
L e o n.   Hier gelbe Möhren –   780
    Eu'r Oheim sendet mich.
A t a l u s.   Wie nur? Mein Ohm?
L e o n.
    Bleibt dort und schweigt! Man darf uns nicht gewahren.
A t a l u s *(aufstehend).*
    Du sprachst von meinem Ohm.
L e o n.   Dort Euer Platz!
A t a l u s. Er selbst –
L e o n.   Wenn Ihr nicht bleibt, so geh denn ich.
    (Er steht auf und entfernt sich nach dem Hintergrunde.)
A t a l u s *(der sich wieder gesetzt hat).*
    Das ist denn auch so einer wie die andern!
    Sie necken mich und haben ihre Lust.
    Dem Mädchen, nun, dem steht's noch artig an;
    Doch diese groben Bursche – Gottes Wort!

(Mit seinem Stock auf den Boden schlagend.)
Ich wollt', *ein* Streich genügte für sie alle.
L e o n *(wieder nach vorn kommend und sich setzend).*
Noch einmal, Atalus, bleibt still und hört.   790
Eu'r Oheim sendet mich, Euch zu erretten.
A t a l u s. Wie fingst du das nur an?
L e o n.   Mit Gott gelingt's.
Schon fand den Eingang ich in dies Gehöft.
Ich bin hier Koch.
A t a l u s.   Da bist du schon was Rechts!
L e o n. Ist alles gut doch, was zum Ziele führt.
Der Herr des Hauses ist mir hold gesinnt,
Ich will erbitten Euch mir zum Gehilfen.
A t a l u s. Mich zum Gehilfen? In der Küche?
L e o n.   Wohl!
A t a l u s. Da such du einen andern nur als mich.
L e o n. Und wenn Ihr sonst gefangen bleibt, wie dann? 800
A t a l u s. Weit lieber hier gefangen oder sonst,
Als also schänden meiner Väter Namen.
(Der Schaffer geht im Hintergrunde beobachtend vorüber.)
L e o n *(im Korbe kramend).*
Hier Sellerie und das hier Pastinak.
Die Zwiebel beißt. Zu wenig von der Kresse.
                    (Der Schaffer geht ab.)
L e o n. Gält' es nur Euch, so wär' ich nun am Ende.
Doch Euer Oheim will's, und, junger Herr,
Da werdet Ihr wohl müssen.
A t a l u s.   Müssen, ich?
L e o n. Ja, Herr! und huckpack trag ich Euch hinüber,
Wenn Ihr Euch sträubt.
A t a l u s.   Ei, wag's nur, grober Bauer!
                    (Edrita kommt.)
E d r i t a. Hier hast du noch. Nun ist's wohl denn genug?
(Sie schüttet Kräuter aus ihrer Schürze in den Korb.)
Und sprachst du auch zu deinem Landsmann dort?   811
Das ist ein wunderlicher Bursch, nicht wahr?
A t a l u s *(aufstehend).*
Sprächt Ihr mit mir, Euch stünd' ich etwa Rede;
Doch jener dort ist albern und gemein.
E d r i t a. Ei, klüger wohl als du.

A t a l u s.   Ja, überhaupt
Tut Ihr nicht gut, mich also zu verschmähn.
Kehr ich einst heim, wer weiß? ich nähm' Euch mit.
E d r i t a. Du reichtest wohl die Hand mir gar?
A t a l u s.   Vielleicht.
E d r i t a. Ei sieh!
A t a l u s.   Vorausgesetzt, der König, unser Herr,
Erkennt' Eu'r Haus zu fränk'schem Helm und Schild.   820
E d r i t a. Dann aber meinst du?
A t a l u s.   Dann, o ja!
E d r i t a.   O nein!
Der hier gefällt mir, weil er leicht und froh,
Du aber bist beschwerlich und zur Last.
L e o n. Er soll in meine Küch'.
A t a l u s.   So wiederholst du's?
L e o n. Mir als Gehilf'.
E d r i t a.   Er ist wohl ungeschickt.
L e o n.
Wenn auch! Er ist ein Frank' und läßt sich bilden.
A t a l u s. Ich aber will nicht, sag ich noch einmal.
Die Pferde hüt ich endlich, weil ich muß,
Und weil's ein edles, ritterliches Tier.
Doch in der Küche? Eher hier am Platz   830
Laß ich mein Leben, gliederweis zerstückt.
(Er hat den Stock ergriffen.)
          (Kattwald und Galomir kommen.)
K a t t w a l d. Die streiten, ho!
(Da Galomir mit einer heftigen Bewegung nach der Gruppe
                    hinweist.)
                              Nun ja, ich sehe schon.

Was treibt ihr hier?
E d r i t a.   Wir suchten Küchenkräuter.
Hier dieser kennt sie, und ich pflückte sie.
L e o n. Auch dacht' ich, 'nen Gehilfen mir zu dingen,
Hier, da mein Landsmann stand mir eben an;
Allein er will nicht.
A t a l u s.   Nein.
K a t t w a l d.   Nur eben nein?
Du willst nicht, so? und all dein Grund ist: nein?
Ich aber sage dir: wenn er in meinem Namen

Dich folgen heißt, so folgst du ohne Nein;   840
Sonst dürften meine Knecht' an dir versuchen,
Ob fest das Eisen noch an Beil und Spieß.

E d r i t a.
Nun stehst du da und weißt nicht, was du sollst,
Und mußt gehorchen doch. Ich wußt' es ja.

K a t t w a l d.
Merk wohl: wenn er dir's heißt in *meinem* Namen;
Doch vorderhand bleibst du hier außen noch.
(Zu Leon.)
Mein Freund, du schnüffelst mir zuviel herum
Und spionierst, merk ich, nach allen Seiten.
Du suchst wohl den Genossen nur der Flucht.

L e o n. Erraten, Herr! Zu zweien läuft sich's besser.   850

K a t t w a l d.
Nun denn! du hast mich scherzhaft nur gesehn,
Da duld und geb ich wohl ein lustig Wort.
Doch preß ich meine Finger in den Mund
Und ruf mein Schlachtgeschrei, dann, guter Freund,
Setzt's Blut.

E d r i t a.   Du, das ist wahr.

L e o n.   Ich zweifle nicht.
Blut auch bei mir: von Hühnern, Tauben, Enten,
Von allem, was nicht beißt und fromm sich fügt.
(Er fängt an, das Grünzeug aus dem Korbe zu werfen.)

K a t t w a l d *(eifrig).*
Was machst du da?

L e o n.   Was soll das viele Zeug?
Ist niemand hier doch, der's zur Küche trägt.

K a t t w a l d.
Nimm du den Korb und geh!

L e o n.   Ei, in der Tat?   860
Bin ich als Träger denn in Euerm Dienst?

E d r i t a. Laß mich —

L e o n.   Wärt Ihr bemüht an meiner Statt?

K a t t w a l d.
Am Ende soll ich selbst —?

L e o n.   Wer's tut, mir gleich.

K a t t w a l d *(umherblickend).*
Da hilft denn wirklich nur ein tücht'ger Stock.

A t a l u s *(auf seinen Knüttel gelehnt, vergnügt vor sich*
hin). Bricht's einmal los? Er ist auch gar zu frech.
K a t t w a l d *(zu Atalus).*
    Zu frech? Und du zu albern, leerer Bursch!
    Wer etwas kann, dem sieht man etwas nach,
    Das Ungeschick an sich ist schon ein Ungemach.
    Du nimmst den Korb und gehst und dienst ihm hilflich,
    Und führt er Klag', gedenk an meinen Arm.   870
    Für ihn wird sich wohl auch der Meister finden.
    Du widersprichst?
E d r i t a.   Er sagt ja nicht ein Wort.
K a t t w a l d. Nun denn, hierher! und fort!
    (Zu Galomir.)   Mach ihnen Beine!
(Da dieser mit hastiger Übertreibung das Schwert ziehen
            will.)
    Oho! Du spießest etwa mir den Koch
    Und brätst ihn endlich gar! Brauch deine Hände!
L e o n *(zu Edrita).*
    Indes sie hier sich liebenswürdig machen,
    So machen wir uns fort. Nicht so?
E d r i t a.   Mir recht!
L e o n.
    Und wer am besten läuft, erhält – Nun was?
E d r i t a.   Nun nichts!
    (Sie laufen Hand in Hand fort.)
K a t t w a l d.
    Holla, das läuft! Die sind schon sehr bekannt!
    Und was denkst du dazu, mein armer Galomir?   880
G a l o m i r. Ich?
K a t t w a l d.   Nun, ich weiß, du denkst nicht gar zuviel.
    Doch sei getrost! Nur noch ein Tage zwei,
    So ist sie deine Frau, und ihr zieht fort.
    Da nimmst du diesen Burschen etwa mit,
    (auf Atalus zeigend)
    Und macht der andre hier sich gar zu unnütz,
    So tun wir ihm, wie er den Hühnern tut,
    Und schlachten ihn mal ab. Für jetzt, Geduld!
    Zum Festschmaus ist er uns ja doch vonnöten.
    (Zu Atalus.)
    Du dort, voran!

Uns laß nur immer heim,
Die Gäste fanden etwa auch sich ein.   890
(Gehend, dann stehenbleibend.)
Mir wässert schon der Mund nach leckern Bissen!
*(Indem Atalus, den Korb in der Linken tragend und den
Stock auf der rechten Schulter, widerwillig vorausgeht und
die beiden folgen, fällt der Vorhang.)*

DRITTER AUFZUG

*Vorhof in Kattwalds Hause wie im zweiten Akte. Die Halle
ist erleuchtet, und man sieht Gäste an einem langen Tische
sitzen. Im Vorgrunde Leon beschäftigt. Atalus vor der
Küche auf einem Steine sitzend und mit seinem Stocke
spielend.*

L e o n *(einem Knechte einen großen Braten reichend).*
Trag nur hinauf und sag, es sei das letzte.
Sie mögen ihre Lust am Weine büßen.
                    (Knecht über die Brücke in die Halle.)
L e o n *(nachdem er Atalus eine Weile betrachtet).*
Nun habt Ihr überlegt?
A t a l u s.   Was nur?
L e o n.   Was ich Euch sagte.
A t a l u s. Was sagtest du mir denn?
L e o n.   Du meine Zeit!
Das hält auch gar zu schwer. So hört denn zu.
Warum ich Euch hierher gebracht, Ihr wißt's.
Der alte Werwolf aber schöpft Verdacht.
Ich hört' ihn sagen, zieh' die Tochter fort,
Wollt' er mit ihr Euch senden, weit ins Land.   900
A t a l u s. Das wär' mir eben recht.
L e o n.   So? In der Tat!
A t a l u s. Das Mädchen ist gar hübsch.
L e o n.   Das merkt' ich auch.
A t a l u s.
Sie will mir wohl.
L e o n.   Das merkt' ich nicht.

A t a l u s. Seit lange.
L e o n. Doch schien es mir, als lacht' sie über Euch.
A t a l u s *(aufstehend).*

Mein Ohm hat mich den Studien bestimmt,
Deshalb verkehrt' ich wenig nur mit Weibern,
Doch sagt man: was sich neckt, das liebt sich auch.
L e o n. Doch Necken und Verlachen, Herr, sind zwei.
A t a l u s. Ich glaub es nun einmal.
L e o n. Ei, immer denn!

Doch zieht mit der Euch liebenden Geliebten 910
Ihr weiter fort ins Land, wie steht's dann, Herr,
Mit Eures Oheims Wunsch und unsrer Flucht?
A t a l u s.

Da hast du wieder recht.
L e o n. So hört denn weiter.
(Geschrei und Lärm von zusammengestoßenen Bechern im
Hause.)

L e o n *(nach rückwärts).*
Nur zu! nur zu! Das paßt in meinen Plan!

Mein Anschlag ging zuerst ins Ferne, Weite,
Nach Wochen dacht' ich möglich erst die Flucht.
Doch trennt man uns, welkt alle Hoffnung hin.
Auch ist Gelegenheit ein launisch buhlend Weib,
Die nicht zum zweiten Male wiederkehrt,
Fand sie beim erstenmal die Tür verschlossen. 920
Nun hoff ich, daß der Wein, die fremden Speisen,
Die ich zumal gepfeffert und gewürzt,
Daß sie zum Trunk, wie Sommerwärme, laden;
Davon hoff ich die Herren so bewältigt –
Die Diener ahmten treulich ihnen nach. –
(Auf die große Pforte zeigend.)
Seht Ihr den Schlüssel dort in jenem Schloß?
Vergißt man den, wenn's Abend, abzuziehn,
Ist frei der Weg, und – halt noch! Geht zur Seite!
(Sie treten auseinander. Ein Diener kommt schwerfälligen
Ganges, ein Lied mißtönig vor sich hinbrummend. Er geht
zur Pforte, schließt sie ab und zieht dann den Schlüssel aus.
Leon macht eine Bewegung gegen ihn, tritt aber gleich wieder
zurück. Der Diener geht über die Zugbrücke ins Haus.)

Atalus *(lachend).*
   Ha, ha! Damit ging's schief.
Leon.   Freut Ihr Euch drüber?
Atalus. 's ist nur, weil du für gar so klug dich hältst. 930
Leon. Ob klug, ob nicht, das soll die Folge lehren.
   Den Schlüssel schaff ich wieder, drauf mein Wort.
   Ich hab erkundigt, daß er nachts im Zimmer
   Des Alten hängt, zu Häupten seines Betts;
   Dort holt man ihn, tun Wein und Schlaf das ihre.
                   (Neuer Lärm in der Halle.)
   Hört Ihr? Doch klingt's schon schwächer. Sie sind matt.
   Was heut getan, ersparst du dir für morgen,
   Ein Helfer wie dies Fest kommt nicht im Jahr.
   Auch ist der Weg mir, den ich hergemacht,
   Teils noch bekannt, teils stellt' ich Zeichen,   940
   Die längre Zeit verwirret und verwischt,
   So daß der Anschlag heut, wie nie, gelingt.
   Kommt dann der Tag, und sind sie spät erwacht,
   So sichert uns der Vorsprung, will es Gott.
(Die Lichter in der Halle sind nach und nach verlöscht.)
   Seht, es wird dunkel oben in der Halle,
   Bald haben Wein und Schlaf ihr Amt vollbracht.

   Doch wird man unsre Flucht vor Tag gewahr,
   So ist noch eins zu tun. Seht dort die Brücke,
   So roh wie alles hier und schlecht gefügt,
   Mit Pflöcken eingerammt die Tragepfähle.   950
   Gräbt nun ein Mann der Pfeiler einen ab,
   So stürzt die Brücke, wenn man sie betritt,
   Und der Verfolger liegt im sumpf'gen Graben.
   Das sichert uns vor jenen drin im Haus;
   Und auch die Knechte werden früher eilen,
   Zu ziehen den Gestürzten aus dem Grund,
   Als daß sie uns verfolgen, die wir fliehen.
   Bis man den Zugang herstellt, sind wir weit.
   So ist nun zwei zu tun, doch sind wir zwei:
   Der eine schleicht ins Haus, indes der andre   960
   Die Stützen losgräbt, wie ich Euch gesagt,
   Wozu hier das Gerät schon in Bereitschaft.
Atalus. Ich dring ins Haus.

L e o n.   Ei wahrlich! in der Tat!
A t a l u s. Hätt' ich ein Schwert, der Schlüssel wäre mein.
L e o n. Hätt' ich, so würd' ich! – Possen! Wenn und Aber
   Sind, wie das Sprichwort sagt, der Pferde schlechtster
                                      Haber.
   Ich will Euch nicht bestreiten andre Gaben,
   Doch schlauer, Herr, bin ich. Ich schleich ins Haus.
   Ihr mögt indes nach Lust im Boden wühlen.
A t a l u s.
   So fällt das Schwerste immer denn auf mich?   970
L e o n. So nennt Ihr das das Schwerste? in der Tat!
A t a l u s *(Spaten und Haue mit dem Fuße wegstoßend).*
   Nicht rühr ich an dies niedrige Gerät.
   Ich bin der Beßre, darum muß das Kühnre
   Mir anvertraut sein, mir! Ich dring ins Haus.
L e o n. Und wenn Euch einer in den Gängen trifft?
A t a l u s. So pack ich ihn am Hals –
L e o n.   Und er schreit Zeter.
   Herr, kämpft mit Löwen, aber Vögel fangen,
   Das laßt nur mir. Es sei, wie ich gesagt.
   Mir hat's Eu'r Ohm vertraut, ich steh ihm ein,
   Drum muß es gehn nach meinen klaren Sinnen.   980
   Sonst send ich Euch zu Euern Pferden wieder,
   Da mögt Ihr denn an Euerm Unmut kaun,
   Indes ich selbst die raschen Beine brauche.
   Was sie für mich bezahlt, ist dann wohl wett
   Durch manchen Dienst, den etwa ich geleistet.
   Eu'r Oheim harret Eurer – hört Ihr wohl?
   Leis mit den Abendwinden, deucht mich, dringt
   Zu uns her sein Gebet, das schützt, das sichert,
   Und Engel mit den breiten Schwingen werden
   Um uns sich lagern, wo wir wandelnd gehn.   990
   Ich möcht Euch schmeicheln, wie man Kindern schmeichelt.
   Glaubt, Graben ist ein adelig Geschäft!
   Was Ihr auch Großes wirkt und Großes fördert,
   Der Euch einst eingräbt, er besiegt doch alles,
   Was in Euch siegt und wirkt und prangt und trachtet.
   Hier ist der Spaten, tragt ihn wie ein Schwert,
   Und hier die Haue – doch noch nicht, noch jetzt nicht.
       (Edrita erscheint auf der Brücke.)

E d r i t a. Seid Ihr noch wach?
L e o n.   Wir sind's.
E d r i t a.   So geht zur Ruh'!
L e o n. Wir werden's.
E d r i t a.   Habt ihr euch nun satt geplaudert?
L e o n. Man ist nicht satt, solang noch Hunger bleibt. 1000
E d r i t a.
    Wenn's euch erfreut, mir recht. Ich geh nun schlafen.
L e o n. Und schließest du dort oben wohl die Tür?
E d r i t a. Das ist des Vaters abendlich Geschäft,
    Der selbst vor Schlafengehn die Runde hält.
    Doch heute, denk ich, unterläßt er's wohl.
    Er hat des Weins zuviel in sich gegossen
    Und liegt nun schon und schläft. Da mag er sehn.
    Ich tu nur, was mein eignes Amt. Nicht wahr?
L e o n. Das sollte jeder tun.
E d r i t a.   So geh denn schlafen.
    Das ist zu Nacht der Müden süße Pflicht. 1010
    Und Träume wachen auf, so wie wir schlafen.
    Wirst du auch träumen heut?
L e o n.   Weiß ich's?
E d r i t a.   Ich weiß.
    Fast schlummr' ich schon. Gut' Nacht!
L e o n.   Schlaf wohl!
E d r i t a.   Ich will.
    (Sie geht ins Haus.)
L e o n *(nachdem er ihr eine Weile nachgesehen).*
    Nun geht ans Werk mit Gott! Hier das Gerät,
    Doch braucht es leise, daß das Ohr der Nacht
    Nicht aufhorcht Eurem Ton. Vorsicht vor allem.
    (Er hat ihn nach rückwärts geführt.)
    Steigt in den Graben nur. Seht zu, hier geht's.
    Die Füße setzend in des Abhangs Rasen
    Gelangt Ihr leicht zum Grund, der seicht genug,
    Zur Not erreichbar mit 'nem tücht'gen Sprung. 1020
    (Atalus ist in den Graben gestiegen.)
    So geht's. Schon recht. Nun das Gerät.
    (Er reicht ihm die Werkzeuge.)
    Und jenen Pfeiler rechts dort grabt mir an,
    Er scheint am losesten befestigt und verrammt.

Der Grund ist weich, es geht so leicht wie Essen.
(Nach vorn kommend.)
Nun will denn ich mich rüsten an mein Werk.
(Sich an den Hals fühlend.)
Sitzt denn der Kopf noch fest? Ja, noch zur Hand,
Doch für demnächst möcht ich darauf nicht borgen.
Ob ich sie schon mit derber Unverschämtheit
So sehr an jedes Äußerste gewöhnt,
Daß Scherz und Ernst in *einem* Topfe quirlt   1030
Und die Beleid'gung zur Entschuld'gung wird.
Mut denn, Leon, es geht nicht gleich ans Leben.
(Halblaut singend.)
Es war einmal! –
           Ja so, es gilt zu schweigen.
Und dann, wenn's endlich wirklich nun gelingt
Und er, der gute alte Herr – Habt acht!
Es geht zum Sturm! Den Schild hoch! Doppelschritt!
(Er eilt die Brücke hinan, hinabsehend.)
So recht, mein Maulwurf, wühl dich in den Grund!
Doch laß ein Restchen Pflockes nur noch stehn,
Sonst droht beim Rückweg selber mir die Falle.
       (Man hört unten einen lautern Schlag.)
Halt doch! zu laut! – Doch leise nur auch ich.   1040
(Er geht ins Haus.)
A t a l u s *(unten).*
Leon! *(Er wird sichtbar.)*
      Er ist schon fort! – Der freche Bursch
Läßt mich hier fronen, während er – Geduld!
Er soll mir's seinerzeit mit Wucher zahlen.
(Er verschwindet wieder.)

VERWANDLUNG

*Kurzes Zimmer, an der Rückwand eine große bogenförmige
Öffnung, daneben links eine kleinere. Beide durch Vorhänge
geschlossen. Hart an der letztern eine Seitentüre.*

*Nach einer Pause guckt Leon durch den Vorhang des kleinen
türförmigen Ausschnittes.*

L e o n *(gedämpft).*
Hier ist das Zimmer, hab ich recht bemerkt,
Und dort der Raum, wo unser Werwolf ruht.
Schläft er?
*(Er setzt einen Fuß ins Zimmer und tritt damit etwas
stärker auf, wonach er sich sogleich wieder zurückzieht
und verschwindet. Nach einer Weile wieder erscheinend.)*
Er schläft. – Insoweit wär' es gut!
Obgleich mit alledem noch nicht am besten.
Der Schlüssel hängt zu Häupten seines Betts.
Und liegt er gleich in Wein und Schlaf begraben,
So hat das Raubtier doch gar leisen Schlaf,   1050
Wenn's selber wird beraubt. – Jetzt oder nie!
Ein rascher Griff, und alles ist getan.
Erwacht er auch, so hilft ein Lügenkniff.
Doch halt! das hat der alte Herr verboten,
Ob's töricht gleich, höchst albern, lächerlich!
Wie soll man mit den Teufeln fertig werden,
Hilft nicht ein Fund? – Wie immer! sei's gewagt!
(Er hat sich dem Vorhange genähert.)
Wer nur den Schlüssel fänd' beim ersten Griff –
(Horchend.)
Ich hör ihn atmen. Schnarchen, deucht' mich, heißt's.
Ist er so grob, was bin ich denn so sittig?   1060
(Er geht hinter den Vorhang.)
*(Edrita erscheint am Eingange der Mittelwand, den Fin-
ger auf dem Munde. Sie tritt horchend einige Schritte vor-
wärts.)*
K a t t w a l d s   S t i m m e *(hinter dem Vorhange).*
Holla. Hallo! Den Schlüssel da –
L e o n *(ebendort).*   So hört!
K a t t w a l d.
Den Schlüssel, sag ich, gib! Wo ist mein Schwert?
Ich haue dich in hunderttausend Stücke.
L e o n. Hört nur!
K a t t w a l d.   Du höre, spricht mein Schwert.
*(Edrita hat gleich bei den ersten Worten sich nach der Seiten-
türe links gewendet und in hastiger Eile den Schlüssel aus
dem Schlosse gezogen. Jetzt tritt sie damit hinter den Vor-
hang der Eingangstüre zurück.)*

L e o n *(hervorkommend).*
　　Nun stehe Gott uns bei! Fort den Verräter!
　　(Er schleudert den Schlüssel von sich nach der Gegend des
　　Eingangs.)
K a t t w a l d *(mit bloßem Schwert ihm folgend).*
　　Heraus mein Schwert! Wo ist der freche Dieb?
L e o n *(dem Schlüssel nachblickend).*
　　Vielleicht kann ich ihn noch beim Gehn erhaschen.
K a t t w a l d. Wo ist der Schlüssel, wo?
L e o n.　　　　　　　　　　　　Ich hab ihn nicht.
K a t t w a l d.
　　Du nahmst ihn.
L e o n.　　　　Ja, ich nahm ihn.
K a t t w a l d.　　　　　　　Nun, und wo?　　　　1069
L e o n. Ich warf ihn, Herr, von mir.
K a t t w a l d *(zum Stoß ausholend).*　　So schaff ihn wieder.
L e o n. Man muß ihn eben suchen.
　　(Sucht auf der entgegengesetzten Seite.)
K a t t w a l d.　　　　　　　　　Such!
L e o n *(am Boden suchend).*　　　　Hier ist er nicht.
K a t t w a l d. Ich aber will nicht wissen, wo er nicht,
　　Ich frage, wo er ist!
L e o n *(aufgerichtet).*　　Das frag ich auch.
K a t t w a l d. Such! sag ich.
L e o n *(wieder gebückt).*　　Wohl, ich suche.
K a t t w a l d.　　　　　　　　　　Frecher Bursch!
　　War das der kecke Spaß, die tolle Kühnheit,
　　Mit der du dich ins Haus –?
L e o n.　　　　　　　Herr, hebt den Fuß!
K a t t w a l d. Wozu?
L e o n *(ihm einen Fuß emporhebend).*
　　　　　　　　　　Hier! – ist er auch nicht.
K a t t w a l d.　　　　　　　　　　Donner!
　　So machst du dich noch lustig über mich?
L e o n. Man muß doch üb'rall suchen.
　　(Edrita ist während des Vorigen leise eingetreten, hat den
　　Schlüssel vom Boden aufgenommen, den andern an dessen
　　　　Stelle gelegt und sich leise wieder entfernt.)
K a t t w a l d.　　　　　　　Nun wohlan!
　　Ich zähle: Eins, zwei, drei; und ist beim dritten　　1080

Der Diebesschlüssel nicht in meiner Hand,
Fährt dir mein Schwert in deine feisten Rippen.
Eins!
L e o n. Hört doch!
K a t t w a l d.   Zwei!
L e o n.   Ihr wollt doch nicht –?
K a t t w a l d *(zum Hieb ausholend).*   Und –
L e o n *(schreiend).*   Possen!
(Kaltblütig nach der entgegengesetzten Seite zeigend.)
Wir haben ja dort drüben nicht gesucht.
(Den Schlüssel aufhebend.)
Hier ist das Kleinod ja. Da liegt's am Boden.
K a t t w a l d.
Es war die höchste Zeit. Dir ging's schon nah.
L e o n. Doch ist der Schlüssel leichter, oder wahrlich,
Mir zittert noch die Hand.
K a t t w a l d.   Dort häng ihn hin.
L e o n. Es ist derselbe Schlüssel nicht.
K a t t w a l d.   Dort, sag ich!
(Er hat den Vorhang nach einer Seite zurückgeschlagen.
Man sieht ein Bette, daneben einen Schemel.)
L e o n *(zum Boden gebückt).*
Man muß den andern suchen.
K a t t w a l d.   Tausend Donner!   1090
So narrst du mich von neuem? Dort der Platz!
L e o n. Doch wenn's der rechte nicht?
K a t t w a l d.   Es ist der rechte,
Weil du's bezweifelst grad!
L e o n.   Fast glaub ich's auch.
Liegt doch kein andrer rings herum am Boden.
(Zur Schlafstelle gehend.)
Hier häng ich ihn denn auf. *(Er tut's.)*
K a t t w a l d.   Wo? Zeig die Hände.
L e o n. Hier beide, sie sind leer.
        (Der Alte befühlt die Hände.)
K a t t w a l d.   Wohl.
L e o n.   Dort der Schlüssel.
K a t t w a l d *(in die Höhe fühlend, wobei er aufs Bett zu*
sitzen kommt).
Auch gut.

L e o n.   Nun liegt und schlaft nur aus den Rausch.
K a t t w a l d. Wie wäre das?
L e o n.   Betrunken seid Ihr, ja!
K a t t w a l d.
   Heut schon ich dich.
L e o n.   Weil Ihr mich morgen braucht.
   Doch werf ich Gift in alle Eure Brühen.   1100
K a t t w a l d. Du sollst von allen essen mir zuerst.
L e o n. So eß ich alle auf mit meinem Freund,
   Der viel ein größrer Herr in unserm Land
   Als Eure rost'gen Gäst' und Sippen alle.
K a t t w a l d *(will aufstehen, Leon stößt schnell den Sche-*
   mel vor seine Füße, so daß er wieder hinsinkt).
   Verdammt.
L e o n.   Geduld! Da braucht es schnellre Beine.
   Und morgen denkt nur, Herr, Ihr habt geträumt,
   Und alles das war nicht. Nun, gute Nacht!
   (Zur Türe hinaus.)
K a t t w a l d *(sitzend).*
   Im Grund kann man dem Burschen gram nicht sein.
   Er sagt grad alles 'raus und ist gar lustig.
   Wär' ich an seiner Statt, ich macht's nicht anders.   1110
   Der Schlüssel wieder da und –
   (Sein Kopf sinkt herab, auffahrend.)
                              Holla, Bursch!
   Ja, er ist fort. Ich will von neuem schlafen.
   Der Wein ist wirklich etwas schwer im Kopf.
(Er macht halbliegend mit der Schwertspitze den Vorhang
   los. Dieser fällt zu und bedeckt die Schlafstelle.)

VERÄNDERUNG

   Vorhof des Hauses wie zu Anfang des Aufzuges.

L e o n *(steht auf der Brücke).*
   He, Atalus! – Ich glaube gar, er schläft.
   (Herabkommend.)
   Ei immerhin! Was nützt auch all sein Graben,
   Jetzt, da mißlang, was möglich macht die Flucht.

(Horchend.)
Er gräbt! – Oh, daß ich ihn gering geachtet,
Und er genügt dem Wen'gen, was ihm oblag,
Indes ich scheitre, wo ich mich vermaß.
(Nach rückwärts sprechend.)
Laßt ab! – Und doch vorher noch erst versuchen,   1120
Ob also fest gefügt das Tor, die Flügel,
Daß keine Wut, die Wut ob eignem Unsinn –
(Er hat sich dem Tore genähert, plötzlich zurücktretend.)
Du güt'ger Himmel! Täuschen meine Augen?
Trügt mich die Nacht? – Im Tore steckt ein Schlüssel. –
Grabt immer, Atalus! – Es ist nicht möglich!
Wie käm' er hier, der nur erst kurz noch oben –
Und doch blinkt er liebäugelnd mir herüber,
(hineilend)
Ich muß dich fassen – prüfen, ob –
(Den Schlüssel fassend und damit auf- und zuschließend.)
                              Er ist's!
Und Freiheit weht, wie Äther, durch die Fugen.
(Mit gefalteten Händen.)
So will der Himmel sichtbar seine Wege?   1130
Stehn Engel um uns her, die uns beschirmen?
E d r i t a *(die schon früher sichtbar geworden, jetzt vor-*
tretend). Du irrst, kein Engel hilft, da wo der Mensch
Mit Trug und Falsch an seine Werke geht.
L e o n. Mit Trug und Falsch?
E d r i t a.   Du willst entfliehn.
L e o n. Ich hab es nie verhehlt.
E d r i t a.   Ei, ja, ja doch!
Und darum hältst du dich für wahr? Nicht so?
Hast du die Wahrheit immer auch gesprochen,
(die Hand aufs Herz legend)
Hier fühl ich dennoch, daß du mich getäuscht.
Drum hoffe nicht auf Gott bei deinem Tun,
Ich selber war's, die dir den Schlüssel brachte.   1140
Du willst entfliehn?
L e o n.   Ich will.
E d r i t a.   So, und warum?
L e o n. Frägst du, warum der Sklave sucht die Freiheit?
E d r i t a. Es ging dir wohl bei uns.

L e o n.   Dann ist noch eins.
  Ich habe meinem frommen Herrn versprochen,
  So fromm, daß, denk ich seiner Abschiedsworte,
  Mit dem, was erst nur sprach dein Kindermund,
  Ich in Beschämung meine Augen senke;
  Versprochen hab ich ihm, den Neffen sein,
  Dort jenen Atalus, zurückzubringen.
  O kenntest du den heilig würd'gen Mann!   1150
E d r i t a. Mir sind nicht fremd die Heil'gen deines Volks.
  Es wandern Christen-Priester wohl durchs Land,
  Gewinnend ihrem Herrn verwandte Seelen,
  Wofür sie Tod erdulden oft und Pein.
  Sie lehren einen einz'gen Gott, und wahrlich,
  (seine Hand berührend)
  An was das Herz in gläub'ger Fülle hängt,
  Ist einzig stets und eins. O fürchte nicht,
  Daß, bleibst du hier, ich dich mit Neigung quäle.
  Ich bin nicht, wie die Menschen oft wohl sind:
  Ei, das ist schön! das soll nur mir gehören,   1160
  Und das ist gut! das eign' ich rasch mir zu.
  Ich kann am Guten mich und Schönen freun,
  Wie man genießt der Sonne goldnes Licht,
  Das niemands ist und allen doch gehört.
  Auch bin ich nicht mehr mein, noch eignen Rechts,
  Obwohl ich schaudernd denke, wem ich eigne.
  Es soll dir wohl ergehen, bleibst du hier.
  Mein Vater ist nur hart im ersten Zorn,
  Und jener andre – Nein, ich kann, ich mag nicht!
  Bleib hier! das andre gibt der Tag, das Jahr.   1170
L e o n. Wie aber stünd' es dann um meinen Freund?
E d r i t a. Laß ihn allein der Rettung Wege gehn.
L e o n. Du kennst ihn, wie er ist, wie rat- und hilflos,
  Er fiele den Verfolgern doch anheim.
  Doch ist er erst befreit, dann –
E d r i t a.   Hüte dich!
  Du wolltest sagen: dann kehr ich zurück.
  Du kehrst nicht wieder, bist du fort erst.
L e o n *(nach ihrer Hand fassend).*
  Edrita!
E d r i t a. Laß nur das! – Kannst du mich missen,

Ich kann es auch. Und nun zu nöt'gern Dingen.
Wo ist dein Freund?
L e o n.   Er gräbt dort an der Brücke.   1180
E d r i t a. Er gräbt?
L e o n.   Der Pfeiler einen sticht er ab,
Daß ein sie bricht, wird irgend sie betreten.
E d r i t a *(lachend).*
Und der Verfolger in den Graben fällt?
Nun, das ist gut. – Dort steht die Pforte offen.
Und doch. Sieh nur, wie Trug und Arglist sich bestraft.
L e o n. Wie nur?
E d r i t a.   Du glaubst dich Meister nun der Flucht,
Doch gehen weitum Wächter, rasche Knechte,
Die jeden töten, weiß er nicht das Wort,
Das nächtlich als ein Merkmal wird gegeben.
Das Wort heißt Arbogast. Merk dir's.
L e o n.   Ja wohl.   1190
E d r i t a. Am Ufer dann des Flusses wohnt ein Fährmann,
Verschuldet meinem Vater und verpflichtet.
Den täusch nur, wenn's die Wahrheit dir erlaubt,
Daß du im Auftrag meines Vaters gehst,
Sag ihm auch: Arbogast. Er führt dich über.
       (Im Graben geschieht ein stärkerer Schlag.)
E d r i t a. Was ist nur dort?
L e o n *(hineilend).*   Zum Henker! Warum lärmt Ihr?
A t a l u s *(heraufsteigend).*
Es war der letzte Schlag!
L e o n.   Müßt Ihr drum poltern?
A t a l u s *(auf Edrita losgehend).*
Hier ist das Mädchen auch.
E d r i t a *(zu Leon).*   Schütz mich vor dem!
Nun hast du deinen Freund, der dir so wert
Und der mit Liebe lohnt dir deine Treue.   1200
Ha, ha! Fürwahr! Du siehst recht artig aus!
Mit Kot befleckt und naß. *(Sie berührt ihn mit dem Finger.)*   Du armer Junker!
A t a l u s. Der wollt' es so!
E d r i t a.   Nun aber geht ans Werk!
Denn ob mein Vater gleich im Schlafe liegt,
Wär's möglich, daß Verdacht ihn früher weckte.

(Sie geht zur Pforte, um sie zu öffnen. Leon tut es statt
ihrer.)

Der Weg läuft anfangs grad, dann teilt er sich.
Der eine links bringt schneller wohl ans Ziel,
Doch wählt den andern rechts, er führt durchs Dickicht,
Und da die Unsern euch zu Pferde folgen,
Durchdringt ihr leicht, was jene stört und hemmt.   1210
Den Schlüssel steck von außen in das Schloß,
Und seid ihr fort, schließ ab und wirf ihn weg,
So hält ein neues Hemmnis die Verfolger.
                    (Leon befolgt es.)
E d r i t a *(zu Atalus)*.
Und kämen sie euch nach, ergreif 'nen Ast
Und fechte löwenkühn für deinen Freund.
A t a l u s. Ich sorg um mich.
E d r i t a *(zu Leon)*.   Hörst du? Das klingt recht gut.
Nun aber geht! Die Zeit vergönnt nicht Wort.
Die ihr als Räuber kamt, wie Diebe macht euch fort.
K a t t w a l d *(der mit Galomir am Fenster der Halle er-*
scheint). Dort stehn sie, schau!
E d r i t a.   Nur schnell!
(Die jungen Leute entfliehen, wobei das Tor offen bleibt.)
K a t t w a l d *(zu Galomir)*.   Folg ihnen, lauf!
E d r i t a. Da bricht nun alles Wetter über mich.   1220
(Galomir ist aus der Türe gekommen und auf die Brücke
getreten. Diese wankt und bricht endlich mit ihm zusammen,
er stürzt in den Graben.)
E d r i t a *(vortretend)*.
Ha, ha, ha, ha! Der dumme Galomir!
Das haben sie recht schlau sich zugerichtet.
K a t t w a l d *(am Fenster den Spieß zum Wurf schwin-*
gend). Verruchter Balg, des trägst nur du die Schuld!
E d r i t a. O weh, o weh! Sie bringen mich noch um!
Auch ließen jene dort den Torweg offen.
Ich dreh den Schlüssel ab und mach mich fort.
Ist erst der Zorn vorüber, kehr ich wieder.
(Sie eilt durch die Pforte, die sie hinter sich zuzieht und
abschließt.)
K a t t w a l d *(am Fenster, mit den Händen in den Haaren)*.
So schlage denn der Donner! Mord und Pest!

Hört mich denn niemand? Knechte! Leute! Brut!
Da steh ich denn und fresse meine Wut!   1230
(Indem er einen fruchtlosen Versuch macht, aus dem Fen-
ster zu steigen, fällt der Vorhang.)

VIERTER AUFZUG

Waldige, dicht bewachsene Gegend. Links im Vorgrunde ein
großer Baum mit einem natürlichen Moossitze. Auf der-
selben Seite im Hintergrunde dickes Gestrüpp und Stein-
massen, höhlenartig ein Versteck bildend. Es ist Tag.

Leon und Atalus kommen.

L e o n. Hier ist der rechte Weg.
A t a l u s.   Nein, dort!
L e o n.   Nein, hier!
A t a l u s. Dort, hat das Mädchen selber mir gesagt.
L e o n. Euch sagte sie's?
A t a l u s.   Ja mir, und war besorgt,
   Weil ich durchnäßt, und rührte meinen Arm.
L e o n. So lebt denn fort in Eurer süßen Täuschung!
   Doch läuft der Fußsteig hier.
A t a l u s.   Ich geh nicht weiter.
   Soll alles denn nach deinem Dünkel nur?
   Auch bin ich müd. *(Er setzt sich rechts auf einen Stein.)*
L e o n.   Und holen sie uns ein?
A t a l u s.
   Wenn sie uns fangen, ei, dann geht's dir schlimm,
   Mich kauft der Oheim etwa dennoch los.   1240
L e o n. Er kauft Euch los? Weil er nicht kann, nicht mag,
   Drum eben kam ich her.
A t a l u s.   Er mag nicht, sagst du?
   Das ist recht schlecht von ihm.
L e o n.   Schmäht Ihr den Ohm?
   Den frommen Mann, der fehllos bis auf eins,
   Nicht daß er geizig, wie ich einst ihn hielt,
   Nein, daß, beschäftigt wohl mit höhern Dingen,

Den Neffen er nicht besser sich erzog.
Weil er Euch liebt, drum sandt' er mich hieher,
Wär's nicht um ihn, ich ließ Euch längst in Stich.

A t a l u s.
    Das wär' mir eben recht! du bist mir widrig.   1250

L e o n. Ihr säßt noch bei den Pferden ohne mich.

A t a l u s. Dort war mir wohl, auch hatt' ich Essen satt.
    (Aufstehend.)
Nun denn, weil du für gar so klug dich hältst,
Weißt du hier Pfad und Steg und Ziel und Richtung?
Hast du bedacht, was sonst dem Menschen not?
Was nützt es uns, daß wir im Freien sind,
Wenn wir vor Mangel grausamlich verschmachten?
Der Wald dehnt sich wohl etwa tagelang,
Und eher findet sich ein reißend Tier,
Das uns verzehrt, als wir, wovon wir zehren.   1260

L e o n. Vertraut auf Gott, der uns so weit geführt,
Er wird die Hungernden mit Nahrung trösten,
Wie den Gefangnen er die Freiheit gab.
Und nun –

E d r i t a s S t i m m e *(hinter der Szene).*
        Leon!

L e o n.   Man kommt. Nur schnell von hinnen!

A t a l u s. Hör erst!

E d r i t a *(näher).* Leon!

A t a l u s.   Das ist des Mädchens Stimme.

L e o n. Wes immer auch! Hier sind nur wir und Feinde.
Auch ist sie kaum allein.

A t a l u s.   Sie ist's. Ich seh's.

L e o n. Nun, so verplaudern wir die Zeit der Rettung.

A t a l u s. Sie hilft uns wohl mit einem neuen Fund.
Geh immer, wenn du willst, ich harr auf sie.   1270

L e o n. Nun denn, so streck ich wehrlos meine Hände;
Wenn's doch mißlingt, ich trage nicht die Schuld.
    (Edrita kommt.)

E d r i t a. Hier seid ihr ja. Nun, das ist recht und gut.

A t a l u s. Sei mir gegrüßt!

E d r i t a *(zu Leon).* Was wendest du dich ab?
Du fürchtest, ich verzögre eure Flucht?
Doch umgekehrt. Jetzt tut euch Zaudern not.

A t a l u s. Siehst du?
E d r i t a.　　　　　Was soll er sehn?
A t a l u s.　　　　　　　　　Ich wollte weilen,
　Er trieb zu gehn.
E d r i t a.　　　　　Da hatt' er recht, du nicht,
　Da ihr nicht wußtet, was nur ich kann wissen.
　Die Unsern gehn zu Roß die andre Straße,　　　　　1280
　Insoweit ist es gut. Doch dieser Pfad,
　Er trifft am Saum des Walds mit jenem andern,
　Und da ihr Pferde doch nicht überholt,
　So wär' euch schlimm, kämt ihr zu früh dahin.
　Im Rücken ihrer aber geht ihr sicher.
L e o n. Nun aber noch um aller Himmel willen:
　Wie kommst du her?
E d r i t a.　　　　　Ich, meinst du? Ei, ja so!
　Ihr habt es gut gemacht, bis nur auf eins.
A t a l u s. Ei, er macht alles klug.
E d r i t a.　　　　　　　　Ja, alles andre.
　Ihr wart kaum fort, da wollten sie mich töten,　　　　1290
　Der Vater hob den Spieß in seiner Hand.
　Da lief ich fort, ein Endchen in den Wald,
　Bei Tagesanbruch wollt' ich wiederkehren.
　Doch kam der Tag, da sah ich euern Fußtritt
　Im weichen Boden kenntlich eingedrückt;
　Das, dacht' ich, das verrät sie; und am Saum
　Des Rasens gehend, wo kein Fußtritt haftet,
　Bestreut' ich eure Spur mit Sand und Erde.
　So kam ich weiter, weiter und bin hier.
　Und nun ich da, kehr ich nicht mehr zurück.　　　　　1300
L e o n. Was fällt dir ein?
A t a l u s.　　　　　Ja ja, bleib nur bei uns.
E d r i t a. Bedenk nur selbst. Kehrt nun mein Vater heim
　Und fing euch nicht, was euer Gott verhüte!
　So schlägt er mich und wirft mich in den Erker,
　Wo ich schon einmal lag, wie einst die Mutter.
　Und dann wird jener Galomir mein Mann.
　Ich will ihn nicht. Ich sag euch's nun, ich will nicht.
　Nehmt mich mit euch, ich bin euch wohl noch nütz.
　Die Wege kenn ich hier und alle Schliche.
　Ihr seid noch nicht so sicher, als ihr glaubt.　　　　　1310

Sie führen Hunde mit, ich hört' es wohl,
Die wittern euch und schlagen bellend an,
Mich aber kennen sie, und jeder schweigt,
Und streichl' ich ihn, legt er sich auf die Pfoten.
Ich will zu deinem Herrn, zu seinem Ohm,
Und dort den frommen Lehren horchend lauschen,
Die er wohl weiß von Gott und Recht und Pflicht.
Will mich mein Vater, soll er auch nur kommen
Und lernen auch, ist er gleich grau und alt.
Das ist ihm nütz. Sie sind auch gar zu wild.   1320

L e o n. Ich aber duld es nicht!

E d r i t a.   Wie nur, Leon?

L e o n.

Ich habe meinem frommen Herrn versprochen:
Nichts Unerlaubtes, Greulichs soll geschehn
Bei diesem Schritt, den nur die Not entschuldigt.
Hab ich den Sklaven seinem Herrn entführt,
Will ich dem Vater nicht die Tochter rauben
Und mehren so den Fluch auf unserm Haupt.

E d r i t a. So hör doch nur!

L e o n.   Es soll, es darf, es kann nicht.

A t a l u s. Er ist nicht klug.

E d r i t a.   Ei, klüger, als du glaubst.
Er ist der Mann des Rechts, des trocknen, dürren,   1330
Das eben nur den Gegner nicht betrügt.
Allein durch ungekünstelt künstliches Benehmen
Vertraun erregen, Wünsche wecken, denen
Sein wahres Wort dann polternd widerspricht,
Das mag er wohl und führt es wacker aus.
(Zu Atalus.)
So nimm denn du mich mit.

A t a l u s.   Ja doch, wie gerne.

L e o n. Ich duld es nicht.

E d r i t a.   Wir fragen dich auch nicht.
Wir sind zu zweit, da gilt denn unsre Meinung.

L e o n. So trenn ich mich von diesem Augenblick.

E d r i t a. Auch das! Wir helfen ohne dich uns weiter.   1340
Die Wege kenn ich alle bis zum Strom,
Von dort an weiß sie *der*.

A t a l u s.   Ich weiß sie nicht.

E d r i t a. Nun denn, dann sind wir nahe deinem Land,
    Und jeder bringt uns auf die sichre Fährte.
L e o n. Viel Glück dazu!
A t a l u s.   Siehst du, er streitet immer.
E d r i t a. Dann treten wir vor deinen Oheim hin
    Und sagen ihm: dein Knecht hat schlimm getan,
    Wir aber halfen selbst uns, wie wir konnten.
    (Zu Leon.) Du bist ja trüb.
L e o n.   Ich lieh dir meine Laune.
E d r i t a. Siehst du? Man muß nur artig sein und wollen,
    Sonst kommt das Müssen und dann fehlt der Dank.   1351
            (Der Ton eines Horns von weitem.)
L e o n. Hör doch! Nun zitterst du, und warst so kühn.
E d r i t a. Und wenn ich zittre, ist's um euch.
A t a l u s.   Nur fort!
L e o n. Ich bleibe.
E d r i t a.   Keine Torheit, die nur quält.
    Das ist kein Trupp; ein einzelner, Verirrter,
    Der die Genossen sucht mit Hornesruf.
    Er wird vorüberziehn, weil er allein,
    Und, zwei zu fangen, mehr als einer nötig.
    Dort rückwärts ist, ich weiß es, ein Versteck,
    Wo dichte Sträuche sich zum Schirmdach wölben.   1360
    Dort warten wir, bis seine Schritte fern,
    Vielleicht könnt ihr beschleichen ihn, bewält'gen.
    Wie immer, nur hinein, und zwar im Umkreis,
    Daß ihm der Tritt nicht unsre Spur verrät.
    *(Sie führt sie leise auf den Zehen bis an die Bäume
    rechts, dann rasch am innern Umkreise zurück und in die
    Höhle.)*

*(Kurze Pause; dann kommt Galomir von der linken Seite,
einen Spieß auf der linken Schulter, das Schwert an der
Seite, ein Horn um den Leib. Er sucht gebückt nach den
Fußtritten am Boden.)*
G a l o m i r. Da, da! – Eh, eh! die Kleine! Oh! – Nach dort!
    (Die Spur mit dem Finger verfolgend.)
    Wart! wart! – Verirrt. Kein Mann da! Wo? Ah weit. –
    Uf! – heiß! *(Seine Beine befühlend.)*
            Und müd! – Da. – Ah! Dort Schatten! Baum.

Ruh aus, Mann, ruh! dann weiter. *(Er setzt sich.)*
                              Heiß die Haube!
(Er nimmt den Helm ab und legt ihn neben sich.)
Noch einmal rufen. *(Er ruft durch die hohle Hand.)*
                    Hup!
(Er horcht eine Weile, dann nach rückwärts gekehrt.)
                              Ah! – Niemand hören.
Wozu das Horn? Blas an! – Verwirrt, verwirrt!   1370
(Er lehnt den Spieß an den Baum und wickelt die verwor-
rene Schnur des Hornes auseinander.)
Ah, los! Nun an den Mund! *(Er setzt das Horn an.)*
(Edrita, die schon während des letzten sichtbar geworden ist
und Ruhe gebietend zurückgewinkt hatte, tritt jetzt vor.)
E d r i t a.   Stoß nicht ins Horn!
G a l o m i r *(sie erblickend).*
Ah. Ah.
E d r i t a.   Ich bin's! Was mehr?
G a l o m i r.   Eh, fangen, fangen!
(Er hascht nach ihr.)
E d r i t a. Was braucht's zu fangen, die du ja schon hast.
Laß mir ein bißchen Raum, sitz ich zu dir.
G a l o m i r *(hastig rückend).*
Eh, eh!
E d r i t a. Du wirst mich doch nicht fürchten?
G a l o m i r. Du schuld an allem!
E d r i t a.   Ich? Was fällt dir ein!
G a l o m i r. Der Vater!
E d r i t a.   Nu, er wird wohl etwas zürnen,
Doch, sprech ich ihn, setzt alles sich ins Gleis.
G a l o m i r. Nein, nein!
E d r i t a.   Nun, dann bist du mein Bräutigam
Und ich die Braut, du mußt, du wirst mich schützen.   1380
G a l o m i r. Ha, ha!
E d r i t a.   Ei, das gefällt dir!
G a l o m i r *(mit dem Finger drohend).*   Du!
E d r i t a.   Wie, nicht?
Je, weil ein wenig etwa ich gelacht,
Als du in Graben fielst? Das war ein Sprung.
G a l o m i r *(den Arm reibend).*
Ah.

E d r i t a. Schmerzt's noch etwa?
G a l o m i r *(nach unten zeigend).* Uh!
E d r i t a.   Und auch der Fuß.
Ein Ehmann muß an manches sich gewöhnen.

Nun ziehst du aus und willst die beiden fangen?
G a l o m i r *(nach ihr greifend).*
Du, du!
E d r i t a. Nur mich allein? Wo bleibt dein Mut?
Nein, nein! Du selber mußt die Flücht'gen haschen.
Sie sind nicht fern!
G a l o m i r *(aufstehend).* Ah! Wo?
E d r i t a.   Nicht grad vor dir,
Doch auch nicht weit. Sind zwei, doch du bewaffnet. 1390
Hier lehnt dein Spieß.
              (Da Galomir danach langen will.)
                    Er liegt auch gut am Boden.
Und dann dein breites ritterliches Schwert.
G a l o m i r *(ans Schwert schlagend).*
Ah, oh!
E d r i t a. Ich weiß, dein Arm ist stark. Nur neulich
Schlugst du dem Stier das Haupt ab *einen* Streichs.
Doch war der Kampf nicht billig. Du bewaffnet,
Er blank und bar. Gib künftig auf den Vorteil,
Dann kämpft ihr gleich mit gleich. Allein auch so.
Ich will mich nur auf jene Seite setzen.
(Sie setzt sich auf die andere Seite. Er macht ihr Platz.)
Hier ist dein Schwert, das gut und stark. Doch
                                        schmucklos.
Was gibst du mir, so knüpf ich dir ein Bändchen, 1400
Das, etwa blau, ich trug an meinem Hals
(sie macht eine Schleife am Halse los)
Wie, schau nur, dies. Das knüpf ich an dein Schwert.
G a l o m i r *(mit offner Hand ihr ins Gesicht greifend).*
Eh!
E d r i t a. Nur gemach! – Das wär' ganz artig, deucht mir.
Zieh aus dein Schwert und lehn es zwischen uns,
So machen sie's bei der Vermählung auch,
Da liegt ein Schwert erst zwischen beiden Gatten.
              (Er hat das Schwert neben sie gelehnt.)

E d r i t a *(das Band um das Schwertheft windend).*
  So knüpf ich denn – dann so – und wieder so –
  (Sie hustet wiederholt.)
G a l o m i r. Wie?
E d r i t a.   Ei, ich bin doch allzu scharf gelaufen.
  Nun steht es schön. Nicht wahr? Ei, ei, wie artig.
*(Sie schlägt wie erfreut die Hände zusammen; die Jünglinge,
    die schon früher leise vorgetreten, sind ganz nahe.)*
E d r i t a *(das Schwert umstoßend).*
  O weh, es fällt!
G a l o m i r.   Mein Schwert!
E d r i t a.   Heb's auf vom Boden. 1410
  (Sie tritt mit dem Fuße darauf. Galomir bückt sich.)
E d r i t a *(stehend und auf Leon sprechend).*
  Nur hier! Da liegt sein Speer. Nimm ihn nur auf.
  (Zu Galomir herabsprechend.)
  Was zögerst du?
G a l o m i r *(immer gebückt).*
                    Der Fuß –
E d r i t a *(Atalus nach der andern Seite winkend).*
                              Du hier herüber.
  (Zu Galomir.)
  Ja so, mein Fuß, er steht auf deinem Schwert.
  Der böse Fuß! *(Zu den beiden.)*
                  Nur hier.
G a l o m i r *(sich vom Boden aufrichtend).*
                            So heb ihn.
  *(Er erblickt Leon, der, auf der linken Seite stehend, den
  Spieß gerade gegen seine Brust hält.)* Ah!
  (Er sinkt auf den Sitz zurück.)
*(Atalus ist indessen von der andern Seite gekommen und hat
            das Schwert aufgenommen.)*
E d r i t a *(steht auf und eilt auf Leons Seite).*
  Du, reg dich nicht, sonst bringen sie dich um!
A t a l u s.
  Mich weht es an, hab ich doch nun ein Schwert!
E d r i t a *(mit den Händen zusammenschlagend).*
  Ei, das ist gut, ei, das ist gut! Fürwahr!
  (Zu Atalus.)
  Du, droh ihm auch!

A t a l u s *(mit gehobenem Schwerte).*
Hier bin ich.

L e o n *(zu Galomir).*   Mir tut leid,
  Muß also ich an Euch die Worte richten.
  Es war nicht meine Wahl, doch ist's geschehn,   1420
  Und da es ist, benütz ich es zur Rettung.
  Bleibt sitzen, Herr, Ihr seid in unsrer Macht.
  (Seinen Gürtel lösend.)
  Mit dieser Schnur bin ich genötigt, Herr,
  Zu binden Euch an dieses Baumes Stamm.
  Es hält nicht lange gegen Eure Kraft,
  Doch sind wir fern, kehrt ruhig zu den Euern.

E d r i t a. Ich halte dir den Spieß, doch regt er sich,
  Ist flugs er wieder dort in deiner Hand.
  (Galomirn den Speer zeigend, den sie umgekehrt gefaßt
  hat.)
  Du sieh! – Ja so! *(Sie kehrt ihn um. Zu Atalus.)*
Du, droh ihm – droh ihm auch!

(Während Galomir nach Atalus blickt, der einen Schritt
näher getreten, zieht Leon rasch die Schnur zwischen Galo-
mirs Leib und Arme, auf die er sich rückwärts stützt, und
bindet letztere am Baume fest.)

G a l o m i r.
  Ah, oh!

L e o n.   Euch wird kein Leid, wenn Ihr Euch fügt.   1430

E d r i t a.
  Du, bind ihn fest, er hat wohl Kraft für viele.

L e o n. Es ist getan, und wohl für jetzt genug.
  Kommt, Atalus, Ihr seid mir anvertraut.
(Atalus tritt zu ihm.)

E d r i t a. Ich nicht? Da sorg ich denn nur selbst für mich.
  (Laut, wobei sie aber den Kopf verneinend schüttelt.)
  Wir gehn nun grade in den Wald hinein.
  (Galomir hat indessen heftige Bewegungen gemacht.)

L e o n. Er macht sich los.

E d r i t a *(zu Atalus).*   Sorg du!
(Atalus nähert sich ihm.)

E d r i t a *(leise zu Leon).*   Wenn auch! Wenn auch!
  Allein genügt er nicht, Ihr seid bewaffnet,
  Und zieht er unsre Leute zu sich her,

Wird frei der untre Weg, der näh're, beßre,
Und so erreichen wir den Strom vor ihnen.   1440

      Leb wohl denn, Galomir, auf lange, hoff ich.
L e o n. Und kehrt Ihr zu dem Vater dieses Mädchens,
Sagt ihm, nicht ich –
E d r i t a.   Ich selber, meinst du, nicht?
Ich selber nahm die Flucht? Nun, sei bedankt
Um all die Sorglichkeit für meinen Ruf.
Doch weiß ich ja, daß du die Wahrheit sprichst;
So laß uns schweigen, dann sind wir am wahrsten
Und brauchen um nichts minder unsern Fuß.
Komm, Atalus! *(Sie geht nach der rechten Seite ab.)*
L e o n *(Atalus nach sich ziehend).*
                    Ja, kommt!
A t a l u s.   Er regt sich immer.
Ich dächt', ein ringer Streich –
L e o n.   Was fällt Euch ein!   1450
      (Er zieht ihn fort. Beide Edriten nach, ab.)
G a l o m i r *(ihnen nachsehend, dann gegen seine Bande
wütend).*
Ah! – Schurken – Oh – Mord Donner! – Oh, das Band!
(Er versucht, mit den Zähnen sich der Schnur zu nähern.)
Geht nicht! Und dort mein Horn. Blas an!
(Das Haupt hinabgeneigt.)   Geht auch nicht.
(Rüttelnd.)
Verdammte Schurken!
*(Er sinkt ermüdet auf den Sitz zurück. Plötzlich mit
einem listigen Gesichte.)*
                    Ih!
*(Es ist ihm gelungen, den rechten Arm zum Teil aus dem
Bande zu ziehen, er rüttelt aber gleich wieder von neuem.)*
                    Sei ruhig, Mann!
(Laut rufend.)
Uh! Uh! – Hört nicht! – Der Arm! Es geht! Der Arm.
Geht, Galomir, der Arm – Ah! Eh!
*(Er hat den rechten Arm aus dem Bande gezogen und
greift sogleich nach dem Horne.)*   Er bläst.
(Stößt ins Horn. Horchend.)
Horch! – Nein!

(Macht sich mit dem andern Arme los, den Weg der Fort-
gegangenen am Boden verfolgend.)
Da! Da! In Wald – Eh, eh, kein Schwert.
(Auf die leere Scheide schlagend. Er bleibt am Ausgange
rechts stehen und stößt von neuem ins Horn. Ein entfernter
Ruf antwortet.)
Ah. Ha! Wo Männer, wo?
(Neue Antwort, näher.)
Ah, dort. Heran.
(Einer der Burgmänner kommt. Es ist der Schaffer. Nach
und nach sammeln sich mehrere.)
S c h a f f e r. Seid Ihr's?
G a l o m i r.   Ja, ja!
S c h a f f e r.   Saht Ihr die Flücht'gen?
G a l o m i r *(auf den Weg der Abgegangenen zeigend)*. Ah!
S c h a f f e r *(nach rückwärts zeigend)*.
Kommt dort hinüber. Dort ist unser Pfad.
G a l o m i r *(auf den Weg rechts zeigend)*.
Da, da!
S c h a f f e r.
Allein, der Herr befahl –
G a l o m i r.   Nein, da.   1460
S c h a f f e r. Doch sie entwischen uns, ich sag's Euch, Herr.
Nach dortaus treffen allseit sich die Pfade.
G a l o m i r. Ich selber sie gesehn. Gebunden. – Da.
(Auf den Baum zeigend.)
S c h a f f e r. Sie banden Euch?
G a l o m i r *(den Weg bezeichnend)*.
Nur da. Und mir ein Waffen.
(Er nimmt einem der Knechte den Kolben, ihn schwin-
gend.)
Aha! – Nur da!
S c h a f f e r.   Nun denn, wenn Ihr befehlt,
Doch wasch ich nur in Unschuld meine Hände.
(Sie gehen nach rechts ab.)

VERÄNDERUNG

Offene Gegend am Strom, der im Hintergrunde sichtbar ist.
Am Ufer die Hütte des Fährmanns.

Der Fährmann und sein Knecht.

F ä h r m a n n. Die ganze Herde, sagst du, trieb er fort?
K n e c h t. Der Kattwald, ja. Wir waren auf der Weide,
  's ist nun der zweite Tag. Und als er schied,
  Befahl er grinsend mir, Euch nur zu sagen: 1470
  So treib' er Schulden ein, sobald sie fällig.
F ä h r m a n n. Die ganze Herde für so kleine Schuld?
  So sag ich mich denn auch für immer los,
  Der Wilden Trutz ist nicht mehr zu ertragen.
  Die Franken zahlen besser, sind auch besser.
  (Auf einen Baum zeigend, in den ein Bild eingefügt ist.)
  Sie schenkten dort mir jenes fromme Bild,
  Und wenn die Frucht man kennet aus der Saat,
  Gilt mehr ihr Gott als Wodan oder Teut.

  Doch früher räch ich mich an jenen Argen.
  Dem Kattwald fang ich nur ein Liebstes weg,   1480
  Ein Kind, ein Weib, den Nächsten seines Stamms,
  Und das soll bluten, zahlt er nicht mit Wucher,
  Was ungerecht er meiner Habe stahl.

  Nun rüste mir den Kahn, ich will hinüber.
  Man sagt, die Franken brechen wieder los
  Und wollen jenes Ufer sich gewinnen,
  Das streitig ohnehin, bald des, bald jenes,
  Und spärlich nur bewohnt, zwei Tag' im Umkreis.
  Sie zielen wohl auf Metz, wo jene Teufel
  Ob ihrem Land die plumpe Wache halten.   1490
  Doch wird's wohl nicht so bald; drum noch Geduld,
  Bis dahin heißt's verbeißen seinen Ärger.
  Nur jenem Kattwald tu ich's früher an.
  (Er geht in den Hintergrund, wo er sich am Flusse be-
  schäftigt.)
E d r i t a *(tritt von der linken Seite kommend rasch auf).*
  Wir sind am Strom!

(In die Szene sprechend.)   Verbergt die Waffen nur,
Im Notfall nehmt ihr leicht sie wieder auf.
                    (Die Jünglinge kommen.)
    Hab ich mein Wort gehalten oder nicht?
(Leon eilt mit schnellen Schritten dem Ufer zu, von dort
zurückkehrend, erblickt er den Baum mit dem Heiligenbilde
                und kniet betend davor nieder.)
E d r i t a *(zu Atalus).*
    Wie unvorsichtig! Jetzt dorthin zu knien.
A t a l u s.   Da hat er recht. Man muß wohl also tun.
    (Er kniet auch hin.)
E d r i t a *(zum Fährmann, der, die beiden betrachtend, vom*
    Ufer nach vorn gekommen).
    Seid Ihr der Fährmann?
F ä h r m a n n.   ·   Wohl, ich bin's.
E d r i t a.   Dem Grafen
    Im Rheingau ob nicht hörig, doch verpflichtet?   1500
F ä h r m a n n. Dem guten Grafen Kattwald, ja.
E d r i t a.   Nun denn!
    Die beiden, die du siehst, sind Knechte Kattwalds,
    Sie tragen seine Botschaft in das Land.
    Drum rüste schnell ein Schiff, ein gutes, rasches,
    Das sie hinüberführt und mich mit ihnen.
F ä h r m a n n. Des Grafen Kattwald?
E d r i t a.   Wohl. Damit du glaubst,
    (leiser) Das Wort heißt: Arbogast.
F ä h r m a n n.   Ja wohl, so heißt's.
    Das kommt mir recht gelegen, o fürwahr.
    (Seinen Knecht rufend.)
    He, Notger, hier! Die wackern Leute da,
    Sie tun für Grafen Kattwald ihre Reise,   1510
    Des frommen Manns, der unsre Herden schützt.
    Mach immer nur das Schiff bereit.
    (Die Kappe ziehend, zu Edrita.)   Verzeiht!
    Ich muß dem Knecht da Auftrag geben.
    (Leise zum Knecht.)
    Führ sie zum Schein in Strom. Dann suche Säumnis,
    Indes versamml' ich Freunde, Fischersleute —
L e o n *(der aufgestanden ist).*
    Wo ist der Fährmann?

F ä h r m a n n.   Hier.
L e o n.   Wir wollen über.
F ä h r m a n n. Ich weiß, ich weiß, in hohem Auftrag, ja!
L e o n. Was spricht der Mann?
E d r i t a.   Ich sagt' ihm, was du weißt,
  Daß ihr, die beiden, mit Graf Kattwalds Botschaft –
F ä h r m a n n.
  Und da gehorcht ein niedrer Mann, gleich mir.   1520
L e o n. Wenn Ihr's nur deshalb tut, und nicht für Lohn,
  Um dessen willen nicht, der prangt dort oben,
  (auf das Heiligenbild zeigend)
  So wißt: nicht in Graf Kattwalds Auftrag gehn wir,
  Und nicht mit seinem Willen sind wir hier.
E d r i t a. Leon.
L e o n.   Es ist so, und ich kann nicht anders.
F ä h r m a n n.
  Gehört ihr nicht zu Kattwalds Freunden?
L e o n.   Nein.
F ä h r m a n n. Ihr habt nur erst vor jenem Bild gekniet.
  Seid ihr vielleicht von jenen fränk'schen Geiseln?
  Es ward um einen kurz nur angefragt.
L e o n. Wer fragte?
F ä h r m a n n.   Wie es hieß, von seiten dessen,   1530
  Der ihren Gläub'gen vorsteht in Chalons.
A t a l u s. Leon!
F ä h r m a n n.   Ihr seid erwartet drüben; doch
  Liegt feindlich Land dazwischen weit und breit.
L e o n. Nun, Gott wird helfen. Wer wir immer sei'n,
  Willst du den Strom uns nicht hinüberbringen,
  Versuchen wir denn anderwärts das Glück.
F ä h r m a n n. Halt noch! Und habt ihr Geld?
L e o n *(Münzen vorweisend).*   Wenn das genügt.
F ä h r m a n n. Nun denn, ich führe selber euch hinüber.
  Nicht weil ihr Kattwalds, nein doch, weil ihr's *nicht*.
  Denn wärt ihr's, lägt inmitten ihr des Stroms.   1540
  Er ist mein Feind, und Rache lechzt die Brust.
L e o n *(zu Edrita).*
  Siehst du, man ist nicht klug, wenn man nur klügelt.
E d r i t a *(sich von ihm entfernend und auf Atalus zei-
  gend).* Ich geh mit dem. Was soll es weiter nun?

Fährmann *(zu dem sein Knecht gesprochen hat, der*
sogleich wieder abgeht).
Nun kommt, denn Reiter streifen durch die Gegend.
Seid ihr entflohn, verfolgen sie wohl euch.
Seht dort! – Folgt rasch! – Und dankt dem droben,
(auf das Bild am Baume zeigend)
Der euern Fuß, der euer Wort gelenkt.
(*Sie gehen.*)
Ein Krieger *(der im Vorgrund auftritt).*
Halt da!
Fährmann.
Halt selber du! Es liegt ein Wurfspieß
Und auch wohl zwei im Kahn. Willst sie versuchen?
(*Sie gehen ab.*)
Krieger *(zurückrufend).*
Hallo!
Zweiter Krieger *(der im Hintergrunde links auf-*
getreten).   Dort sind sie.
(Er ist vorgeprellt, jetzt zurückweichend und sein Haupt
schirmend.)   Blitz! Sie haben Waffen.   1550
Kattwald *(auftretend).*
Wo da! Wo da?
Zweiter Krieger.
Sie sind schon, seht, im Strom.
Kattwald. Verfolgt sie!
Zweiter Krieger.   Ja, da ist ringsum kein Kahn.
Doch an der Sandbank müssen sie vorüber,
Dort rechts, da reichen wir mit unsern Pfeilen.
Kattwald.
Schießt immer, schießt! Und träft ihr auch mein Kind,
Weit lieber tot – verwundet wollt' ich sagen –,
Als daß entkommen sie, mein Kind mit ihnen.
(Knechte haben sich rechts am Ufer aufgestellt.)
Knecht.
Es ist umsonst. Sie staun mit Macht den Strom
Und halten ihren Kahn scharf nach der Mitte.
Kattwald *(wieder hineilend).*
Nicht also sie! Nicht sie? Nicht Rache! Rache!   1560
So werf ich mich denn selber in den Strom,
Und kann ich sie nicht fassen, mag ich sterben.

Knecht *(ihn zurückhaltend).*
    Laßt ab! Vielleicht erreicht sie Galomir.
    Am Ende seines Wegs ist eine Furt,
    Da kommen dann noch drüben sie zu Schaden.
Kattwald *(an seinem ausgestreckten Arm die Stellen
    bezeichnend).* Die Hand, den Arm in ihrem Blute baden.

FÜNFTER AUFZUG

*Vor den Wällen von Metz. Im Hintergrunde ein großes Tor,
die daran fortlaufenden Seitenmauern zum Teile von Bäumen verdeckt. Rechts im Vorgrunde eine Art Scheune mit
    einer Flügeltüre. Es ist vor Tag und noch dunkel.*

Leon *(öffnet die Tür der Scheune und tritt, jene hinter
    sich zuziehend, heraus).*
    Die Sonne zögert noch, 's ist dunkle Nacht,
    Und dunkel wie das All ist meine Brust.

        (Zurückblickend.)
        Da liegen sie und schlafen wie die Kinder,
    Ich aber, wie die Mutter, bin besorgt.   1570
    O daß ein Teil doch jenes stillen Glücks,
    Der Freudigkeit am Werk mir wär' beschieden.

        (Nach vorn kommend.)
        So weit gelang's. Der Strom ist überschritten,
    Wir sind im Jenseits, das so fern uns schien.
    Zwar wohnen Feind' auch hier, doch weiß ich nicht,
    Die Gegend, sonst belebt und menschenvoll,
    Ist öd und leer, und der Begegner flieht.
    Zwar sichert das vor allem unsern Weg,
    Doch fehlt auch, der den Weg uns deutend künde.

        Die Stadt hier deucht mich Metz, der Feinde Burg,   1580
    Wo sie die Wache halten übers Land.
    Ist die im Rücken, nähert sich die Heimat.
    Ich wünschte Flügel unserm Zauderschritt,

Doch wag ich's nicht, das Schläferpaar zu wecken,
Sie sind ermüdet bis zum bleichen Tod.
Trag du allein, Leon, trag du für alle.

Und wenn wir nun vor meinem Herren stehn! –
Wie tritt mit eins sein ehrfurchtheischend Bild
Durch Nacht und Dunkel vor mein irres Auge!
Sein letztes Wort war Mahnung gegen Trug,   1590
Und nun, wie bunt, was alles wir vollführt.
Die Tochter aus dem Vaterhaus geraubt.
Geraubt! Gestattet mindstens, daß sie folge.
Wie werd ich stehn vor meines Herren Blick?

Und dann, was wird aus ihr, die uns gefolgt
In kinderhaft unschuldigem Beginnen,
Vertrauen schöpfend aus dem Gaukelspiel,
Des Zweck war, zu entfernen das Vertrauen?
Ich kann nicht glauben, daß sie jenen liebt,
Den Jüngling Atalus, ist gleich sein Wesen   1600
Verändert und gebessert seit der Zeit,
Als er hinweg schied aus der wilden Fremde.
Erst schien sie mir mit Neigung zugetan,
Doch trieb mein Weigern, achtlos ernstes Mahnen
Von mir sie fort zu ihm. – Sie liebt ihn nicht,
Und doch geht jedes Wort, das sie ihm gönnt,
Wie Neid und Haß durch meine trübe Seele.

Nur in der Nachtruh' erst, da fiel ihr Haupt
Im Schlaf herabgesenkt an meine Brust,
Ein stärkrer Atemzug klang wie ein Seufzer,   1610
So warm das Haupt, so süß des Atems Wehn,
Mir drang es fröstelnd bis ins tiefste Mark:
Vielleicht denkt sie an ihn. – Da stand ich auf,
Gab einem andern Kissen ihre Schläfe
Und ging heraus und plaudre mit der Nacht.

Der Osten graut, der Tag, scheint's, will erwachen.
Vielleicht erkenn ich nun des Weges Spur,
Vielleicht, daß in der sonderbaren Öde
Ein Wanderer – Horch, war das nicht ein Schritt?
Was soll die Vorsicht da, wo Vorsicht hemmt?   1620

(An der linken Seite leise rufend.)
Ist hier ein Mann? Geht jemand diese Wege?
Nun wieder still. – Doch nein. Wer geht? Gebt Antwort!

Knecht Kattwalds *(der hinter ihm auftritt und ihn rückwärts faßt).*
Die Antwort hier!

Leon.   Verrat.

Erster Knecht.   Du selbst Verräter!

Zweiter Knecht *(links im Vorgrunde auftretend).*
Ist er's?

Erster Knecht *(mit Leon ringend).*
            Er macht sich los!

Zweiter Knecht.   Ich komme.

Leon *(hat sich losgerungen).*   Fort!
Eh' nicht mein Amt vollendet, fängt mich niemand.
(Er geht wieder nach der andern Seite.)

Kattwalds Schaffer *(kommt).*
So habt ihr sie?

Erster Knecht.
                Dort einer.

Schaffer.   Nu, wo der,
Dort sind die andern auch. Kommt nur heran!

Galomir *(tritt auf).*
Ha du! Das Mädchen wo? Eh, oh, mein Schwert.
(Er zieht sein Schwert.)

Schaffer. Seid ruhig nur, sie können nicht entrinnen.

Leon.
Lechzt ihr nach meinem Blut, wohl denn, hier bin ich; 1630
Die Rache sucht des Schadens Stifter ja.
Wollt ihr das Mädchen, eures Herren Tochter?
Ich will sie bitten, daß sie mit euch zieht,
Und geht sie, gut; wenn nicht, so steht mein Blut
(die Hand an ein dolchartiges Messer legend, das er im Gürtel trägt)
Für sie auch ein, wie ganz für jenen andern.

Schaffer.
Wo sind die beiden, sprich! Hier hilft kein Leugnen.

Leon. Ich leugne nicht und habe nicht geleugnet.
Hier sind sie, schaut, doch haltet euch entfernt.
(Er hat die Türe der Scheune geöffnet, man sieht Atalus

und Edrita in halb sitzender Stellung auf Strohbündeln
schlafend.)

Rührt euch die Unschuld nicht ob ihrem Haupt?
Wie Gottes Atem weht des Schlafes Atem   1640
Aus ihrer Brust, indes sie dort bei ihm.
O Schlaf, du Anfang unsrer Seligkeit,
Nur unterbrochen noch von trübem Wachen!
Sprecht sachte, leise, daß ihr sie nicht weckt.
(Er schließt die Türe.)
Nun aber noch. Der erste, der sich naht,
Er fällt, ein Opfer seines raschen Eifers.
(Noch einmal die Hand am Messer.)
Ist's einer auch nur, droht's doch allen gleich.

S c h a f f e r *(da Galomir auf Leon eindringen will).*
Wozu auch ohne Not? er hat ein Waffen,
Und jener andre steht, erwacht, ihm bei.
Hier ist ja Metz, der Unsern starke Feste.   1650
Da drin sind Fesseln, Bande, sichre Kerker
Und Helfer der gefahrlos lust'gen Jagd.
Poch einer dort ans Tor, wir stehn und wachen.
    (Einer geht hin.)

L e o n. Nun denn, sie haben mich umstellt mit Netzen,
Da hilft denn einer nur und der bist du!
(Mit aufwärts gestreckten Armen.)
In deinem Auftrag ging ich in dies Land,
Durch meines Herren Mund hast du gesprochen.
Aus seiner frommen Werke reichem Schatz
Gab er mir deinen Beistand auf die Reise,
O nimm die Hilfe nicht, bevor sie half.   1660
Ich weiß, Unmögliches schein ich zu heischen.
Doch ist ja möglich das nur, was du willst,
Und was du nicht willst, das nur ist unmöglich.
Um mich nicht fleh ich, nein, für ihn, um sie.
Ein Menschenleben, ach, es ist so wenig,
Ein Menschenschicksal aber ist so viel.
Beschirm sie gegen Feinde, gegen sich.
Das Mädchen, zu den Ihren heimgekommen,
Wird im Gewöhnen wild und arg wie jene.
Und Atalus – Wir wissen's beide, Herr!   1670
Er ist nur schwach; kehrt er in neue Haft,

Fällt er verzweifelnd ab von deinen Wegen;
Sein Oheim aber segnet sich und stirbt.
Das soll nicht sein, das darf nicht. – Nicht wahr, nein?
(Er fällt auf die Knie.)
S c h a f f e r .
Er ist verwirrt und spricht mit Luft und Wolken.
(Nach rückwärts.)
Kommt niemand noch?
L e o n .   Horch! Welch bekannter Klang!
(Aus der Stadt tönt der entfernte Laut einer kleinen Glocke.)
So tönen ja der Christen fromme Zeichen,
Die Gläubigen versammelnd zum Gebet.
S c h a f f e r . Du irrst, da drin sind keine Christenvölker,
Da ehrt man Wodan und den starken Teut.   1680
Man kommt.
L e o n .   Wohlan, so gilt es denn das Letzte?
Ich bitte nicht mehr Hilfe, nein, ich fordre –
Ich bitte immer noch, ich bitte, Herr!
Als ich von deinem frommen Diener schied,
Da leuchtete ein Blitz in meinem Innern;
Von Wundern sprach's, ein Wunder soll geschehn.
Und so begehr ich denn, ich fordre Wunder!
Halt mir dein heilig Wort! – Weh dem, der lügt!
(Er springt auf.)
*(Die Tore gehen auf, Gewaffnete treten heraus, unter ihnen
          ein Anführer, glänzend geharnischt.)*
S c h a f f e r *(der sich dem Tore genähert, zurückweichend)*.
Die sind nicht der Unsern.
A n f ü h r e r .   Hier Feinde, greift!
S c h a f f e r *(immer zurückweichend)*.
Ist das nicht Metz, der Unsern starke Feste?   1690
A n f ü h r e r . Noch ehegestern war's der Euern Stadt,
Ein Überfall bei Nacht gab sie uns eigen,
                    (Glockentöne von neuem)
Und schon tönt heller Klang der frommen Glocken,
In Eile aufgerichtet, zum Gebet
Und lockt zu glauben, die da liebend hoffen.
L e o n *(zu Atalus und Edrita, die aus der Hütte getreten)*.
Hört ihr?
          (Chorknaben kommen aus dem Tore.)

A n f ü h r e r. Der fromme Kirchenvogt, er selber,
   Des Sprengel überall, wo Hilfe not,
   Er kam herbei in seines Herren Dienst,
   Zu streuen Aussaat christlicher Gesittung.
   Dort kommt er, seht! ergebt euch Gott und uns.   1700
        (Gregor tritt heraus.)
L e o n *(zu Atalus).* Dort Euer Ohm! Lauft hin!
A t a l u s *(auf ihn zueilend).*   O Herr! Mein Herr!
G r e g o r.
   Mein Atalus! Mein Sohn! – Gott, deine Gnade. –
        (Sie halten sich umarmt.)
L e o n *(Edritas Gesicht zwischen beide Hände fassend).*
   Edrita, schau! Da sind wir bei den Unsern.
   (Sie loslassend.)
   Ja so, du bist im Ganzen doch der dunkle Fleck.
E d r i t a *(sich von ihm abwendend).*
   Bin ich? Da muß ich mich denn selber reinen.
G r e g o r. So halt ich dich in diesen meinen Armen!
*(Atalus will sich vor ihm auf die Knie niederlassen, er hebt
                  ihn auf.)*
   Ich habe viel um dich gesorgt, mein Sohn,
   Nicht nur, wie du der Haft wohl frei und ledig,
   Nein, um dich selbst, um all dein Sein und Tun.
   Ein Schleier fiel von dem bestochnen Auge.   1710
   Du bist nicht, wie du sollst. Wir wollen sehn,
   Ob wir durch Sorgfalt künftig das ersetzen.

   Nun aber sag, kamst du allein hierher,
   War nicht ein andrer bei dir, den ich sandte?
A t a l u s *(auf Leon zugehend).*
   Dort steht er, dem ich's danke. Dort mein Schutz.
G r e g o r.
   Ha, du, mein toller Bursch. Mein Wackrer, Treuer!
   Hier meine Hand! Nicht küssen, drücken – So.

   Nu, hübsch gelogen? Brav dich was vermessen?
   Mit Lug und Trug verkehrt? Ei ja, ich weiß.
L e o n. Nu, gar so rein ging's freilich denn nicht ab.   1720
   Wir haben uns gehütet, wie wir konnten.
   Wahr stets und ganz war nur der Helfer: Gott!

G r e g o r. Das ist er auch in allen seinen Wegen.
(Zum fränkischen Anführer.)
Und so, in seinem Namen, bitt ich Euch,
Laßt los die Männer hier, gönnt ihnen Heimkehr.
(Auf Galomir und die Seinen zeigend.)
Es wäre denn, es fühlte einer Trieb,
Im Schoß der Kirche – Nun, sie wollen nicht,
Geht immer nur mit Gott. Hier ist kein Zwang.
Am Ende zwingt die Wahrheit jeden doch,
Sie braucht nicht äußre Helfer und Beschützer.   1730
Wär' sie auch Wahrheit sonst? Zieht hin in Frieden.
G a l o m i r *(auf Edrita zeigend)*.
Die dort?
S c h a f f e r.   Benützt die Freiheit, die sie gönnen,
Eh' sie's gereut. Sie sind wohl töricht g'nug.
(Er zieht ihn nach sich. Die Seinigen folgen, von einigen
Gewaffneten geleitet.)
G r e g o r *(der einige Schritte nach der Stadt gemacht hat)*.
Ihr steht noch immer da, folgt nicht zur Stadt?
A t a l u s. Hier ist noch eine, Herr, die deiner harrt.
(Edrita tritt vor.)
Sie ist des Kattwald, meines Hüters, Tochter.
G r e g o r *(stark)*. Leon, tatst du mir das?
L e o n.   Verzeiht, o Herr –
E d r i t a. Er wird Euch sagen, daß nicht er es war,
Daß wider seinen Willen fast ich folgte.
Auch ist es so.
G r e g o r.   Was brachte dich dazu?   1740
E d r i t a. Was mich zuerst zu diesem Schritt bewog,
Ich wußt' es damals nicht, nun aber weiß ich's,
Doch sei's vergessen auch für jetzt und stets.
Der zweite Grund, der edlere, der reine,
Er bleibt, wie damals, also jetzt und immer.
Du botst nur erst den Männern unsres Volks
Der Kirche Heil, sie aber wollten nicht;
Schau eine hier, die wollte und die will,
Nimm auf mich in die friedliche Gemeine.
G r e g o r. Und ohne deines Vaters Willen denn?   1750
E d r i t a. Holt er sie selbst, gib ihm zurück die Christin,
Dem Christen nur, vertrau ich, gibst du sie.

So pflanzt sich fort des Guten schwacher Same,
Und künftig Heil entsprießet für mein Volk.

G r e g o r.
Mir ziemt's zu kargen nicht mit dem, was aller,
Und deinen Vorsatz weis ich nicht zurück.

A t a l u s. Und dann noch eins! Ich will ihr wohl, o Herr,
Und wenn –

G r e g o r.   Was nur?

A t a l u s.   Wenn du's gestattest, wollt' ich –

G r e g o r.
Was Neues denn? das war sonst nicht dein Sinn.

A t a l u s. Als ich gefangen lag in harten Banden,   1760
War sie die einz'ge, die nicht rauh und wild.
Dann auf der Reise hielt sie sich an mich,
Nahm meinen Arm, und sonst auch – Herr, du siehst.

G r e g o r. Ich sehe, daß sie hold und wohlgetan.

A t a l u s.
Auch stammt sie von dem Grafen her im Rheingau.

G r e g o r. Und also, meinst du? auch dir ebenbürtig?
Gib nicht für einen Ahn, so alt er ist,
Den ältsten auf, den ersten aller Ahnen,
Ihn, der da war, eh' noch die Sonne war,
Der niedern Staub geformt nach *seinem* Bild.   1770
Des Menschen Antlitz ist sein Wappenschild.

Ich hatte andre Absicht wohl mit dir,
Doch wenn es Gottes Willen nun –
(Zu Edrita.)   Und du?

E d r i t a. Ich denk vorerst in Einsamkeit zu leben,
Was du sodann gebeutst, das will ich tun.

G r e g o r. Die Zukunft mag denn lehren, was sie bringt.
Vorerst reich ihm als Schützer deine Hand.

L e o n *(da Atalus die Hand ausstreckt und Edrita im Be-
griff ist, die ihre zu heben).*
O Herr!

G r e g o r. Was ist? – Warum stehst du so fern?

L e o n. Ich nahe denn, um Urlaub zu begehren.   1779

G r e g o r. Urlaub, warum?

L e o n.   Das Reisen wird Gewohnheit,
Reist einer nur ein Stück mal in die Welt.

Und dann, Ihr wißt, mich trieb wohl stets die Lust,
Im Heer des Königs –
G r e g o r.   Das wär's?
L e o n.   Ja, das ist's.
G r e g o r. Dich treibt ein andrer Grund.
L e o n.   Fürwahr, kein andrer.
G r e g o r. Weh dem, der lügt!
L e o n.   Man sollte ja doch meinen –
G r e g o r. Noch einmal weh! dem Lügner und der Lüge.
L e o n.
Nun, Herr, das Mädchen liegt mir selbst im Sinn.
Will sie mich nicht, mag sie ein andrer haben.
Doch zusehn eben, wie man sie vermählt –
E d r i t a *(auf ihrem Platze bleibend).*
Leon.
L e o n. Ja, du.
E d r i t a.   Leon, und ich –
L e o n.   Wie nur?   1790
E d r i t a.
War ich gleich anfangs dir nicht denn geneigt?
L e o n. Doch in der Folge kam's gar bitter anders.
Du gingst mit Atalus.
E d r i t a.   Ei, gehen mußt' ich,
Du aber stießest grausam mich zurück.
L e o n *(auf Gregor zeigend).*
Es war ja wegen dem. Er litt es nicht.
Sollt' ich mit Raub und Diebstahl zu ihm kehren?
E d r i t a. Du aber stahlst mein Inneres und hast's.
L e o n. Und willst dich doch vermählen?
E d r i t a.   Ich? *(Mit gefalte-*
ten Händen den Bischof vertrauensvoll anblickend.)
                                              O nein.
G r e g o r. Wer deutet mir die buntverworrne Welt!
Sie reden alle Wahrheit, sind drauf stolz,   1800
Und sie belügt sich selbst und ihn; er mich
Und wieder sie; der lügt, weil man ihm log –
Und reden alle Wahrheit, alle. Alle.

Das Unkraut, merk ich, rottet man nicht aus,
Glück auf, wächst nur der Weizen etwa drüber.

(Zu Atalus.)
Es steht nicht gut für uns; was denkst du, Sohn?
A t a l u s *(nach einer Pause)*.
Ich denke, Herr, das Mädchen dem zu gönnen,
Der mich gerettet, ach, und den sie liebt.
G r e g o r.
So recht, mein Sohn, und daß dir ja kein Zweifel
Ob ihres Gatten Rang und Stand und Ansehn;   1810
Von heut an, merk! hab ich der Neffen zwei.
Der König tut mir auch wohl was zuliebe,
Da frei' er immer denn das Häuptlingskind.

    Du bist betrübt. Heb nur dein Aug' vom Boden,
Du wardst getäuscht im Land der Täuschung, Sohn!
Ich weiß ein Land, das aller Wahrheit Thron;
Wo selbst die Lüge nur ein buntes Kleid,
Das schaffend Er genannt: Vergänglichkeit,
Und das er umhing dem Geschlecht der Sünden,
Daß ihre Augen nicht am Strahl erblinden.   1820
Willst du, so folg, wie früher war bestimmt,
Dort ist ein Glück, das keine Täuschung nimmt,
Das steigt und wächst bis zu den spätsten Tagen.
Und diese da
(mit einer Bewegung der verkehrten Hand sich umwen-
dend)   sie mögen sich vertragen.
(Da Leon und Edrita sich in die Arme stürzen und Gregor
eine Bewegung fortzugehen macht, fällt der Vorhang.)

ZUM TEXT

Der Text folgt, bei behutsamer Modernisierung der Orthographie und Interpunktion:

Franz Grillparzer: Sämtliche Werke. Historisch-kritische Gesamtausgabe. Herausgegeben von August Sauer und Reinhold Backmann. Erste Abteilung. Fünfter Band. Wien: Schroll, 1936.

An folgenden Stellen wurde die Fassung der Druckvorlage korrigiert:

Vers 25: *Wildbret* statt *Wildprät*
Vers 50: *unbekannten* statt *unbekanntem*
Vers 65: *spukt's* statt *spuckts*
Vers 87: *dem* statt *den*
Vers 168: *im* statt *in*
vor Vers 409: *Bresthafte* statt *Preßhafte*
Vers 777: *stibitz* statt *stipitz*
Vers 847: *schnüffelst* statt *schniffelst*
Vers 867: *etwas nach* statt *etwa nach*
Vers 1048: *Betts* statt *Bettes*
vor Vers 1090; vor Vers 1105: *Schemel* statt *Schemmel*
nach Vers 1463 eingefügt: *(Auf den Baum zeigend.)*
Vers 1478; Vers 1680: *Teut* statt *Theut*
Vers 1612: *tiefste* statt *tiefe*
vor Vers 1715: *zugehend* statt *zeigend*
nach Vers 1761: *Wie oft hat mich erquickt ihr Gehn und Kommen!* weggelassen, da nur in einer Abschrift des Jahres 1837 am Rande nachgetragen, im Erstdruck und in handschriftlichen Zeugnissen aber nicht vorhanden.
Vers 1783: *Das wär's?* statt *Das nur wär's?*

ANMERKUNGEN

Personen

Gregor: Im ersten Personenverzeichnis (1822) notierte Grillparzer zu Gregor: »Gregor der Heilige, Bischof von Langres.« Während der Arbeit entschied er sich für Chalons; Chalons-sur-Marne war seit dem 4. Jh. Bischofssitz.

Schaffer: österreichische Bezeichnung für den Aufseher auf einem Gutshof.

Erster Aufzug. Garten im Schlosse zu Dijon

Dijon: Hauptstadt von Burgund, Besitz des Bischofs von Langres, der es den Grafen von Dijon als Lehen überließ; nach deren Aussterben fiel die Stadt an den Herzog von Burgund. Bei Grillparzer ist Dijon Bischofssitz. Der hl. Gregorius von Langres war 506/507–539/540 Bischof von Langres.

1 *durchaus:* in Verbindung mit einem Verbum: trotz aller Hindernisse.

3 *ich zieh vom Leder:* ich zieh das Schwert. – *Leder* wurde häufig in der Bedeutung der Geräte gebraucht, die man aus Leder verfertigte; hier z. B. die lederne Schwertscheide.

4 *Teilt Sonn' und Wind:* Wahl des Kampfplatzes auf solche Weise, daß jeder der Gegner gleich viel Sonne oder Wind gegen sich hat; für beide Gegner sollen gleiche Bedingungen geschaffen werden.
Sigrid: vielleicht Anklang an die Bezeichnung *Sigrist* (entlehnt aus mlat. *sacrista*) für Mesner.

6 *sprechen muß ich Euch:* Beispiel für Leons volkstümliche Redeweise.

8 *meditiert:* nachdenkt, betrachtet.

18 *scheel:* Die Grundbedeutung ›schielend, schief‹ wandelte sich später zu ›mißgünstig‹.

25 *Nur:* eben erst.
Wildbret: Der zweite Teil des Wortes gehört zu *Braten,* das altgerm. zunächst ›Fleisch‹ bedeutete.

30 *Sudelkoch:* frühnhd. *sudel* ›Feldkoch‹ und später in abschätziger Bedeutung ›Lagerkoch, schlechter Koch‹.

32 *wie, oder sonst:* wie? oder wie sonst?

33 *jagen:* fortjagen. Grillparzer verwendet häufig das Simplex statt des sprachüblichen Kompositums oder überhaupt verkürzte Formen und Satzkonstruktionen, etwa Aussparung des Hilfsverbs; vgl. V. 277, 321, 375, 390, 415, 417, 1178, 1228, 1255, 1270, 1282, 1327, 1358.
lauter: vorlauter.

38 *Fasten:* hier veraltet als Fem. Pl. gebraucht.

44 *durch die Straßen:* Zu ergänzen ist »ziehen«; vgl. V. 52.

51 *also:* wegen des Versmaßes wie »so« verwendet.
kleine Rahmen: hier: die Augen.

68 *hämisch:* tückisch, hinterlistig.

82 *zeihn:* beschuldigen, anklagen.

104 *Trier:* stets zweisilbig zu lesen. Augusta Treverorum, Hauptstadt der Treverer; im 3. Jh. Residenz römischer Kaiser, unter Konstantin I. Metropole einer der vier Präfekten des römischen Reiches. Im 5. Jh. unter der Herrschaft der Franken im Jahre 451 von den Hunnen zerstört.

108 *Lösung:* Freilassung; in der gleichen Bedeutung V. 163. In V. 298 ist wohl ›Loskauf‹ des gefangenen Atalus gemeint.
weigert: schwaches Verbum; heute meist statt dessen: verweigern.

123 *irgend:* hier noch in der altdt. Bedeutung ›irgendwo‹, vgl. auch V. 1182.

146 *kreisende Natur:* der Sternenhimmel.

155 *Schierlingsgift:* Schierling: Giftpflanze aus der Familie der Umbelliferen; enthält Coniin, das durch Lähmung der Atemnerven tödlich wirkt. Bei den Griechen wurden Todesurteile durch einen Schierlingstrank vollstreckt (z. B. an Sokrates).

171 *Daß Gott!:* Abkürzung des Wunschsatzes »Daß Gott erbarm!« Vgl. V. 236, 298.

176 *in Weg:* in den Weg. Grillparzer läßt nach Präpositionen als Zeichen der Umgangssprache gerne den Artikel weg, vgl. V. 1004 »vor Schlafengehn«, V. 1383 »in Graben«.

188 *wes ist das:* wessen ist das, wem gehört das; Genitiv des Besitzes, heute nur noch in der gehobenen Sprache üblich.
so: dichterisch für das Relativum »das«, hier zur Vermeidung des Zusammentreffens zweier »das« gewählt.

194 *je:* von Grillparzer gerne am Beginn einer verlegenen oder bedauernden Rede verwendet. Zunächst war *je* eine Abkürzung aus *Jesus*, z. B. »ach je«, »herrje«.

197 *blank und bar:* Gemeint ist hier: ohne Schürze und Messer. *blank:* bloß, unbedeckt; urspr. Bedeutung: glänzend, rein zunächst von glänzenden Gegenständen (z. B. Schwert) gebraucht. *bar:* nackt, bloß (vgl. *barfuß, barhäuptig*).

225 *fließt ein:* hat Einfluß auf.

229 *bringt allzuviel auf g'nug:* bringt allzu viel Wasser, von dem der Mensch ohnehin schon genügend besitzt; *genug* hat hier die Bedeutung ›eine genügende Fülle‹.

233 *Witz:* Abstraktum zu *wissen*; urspr. Bedeutung, die Grillparzer hier verwendet: Wissen, Verstand, Klugheit, Weisheit.

250 *Wurm:* urspr. Bedeutung ›Kriechtier, Schlange, Insekt‹, dann Bezeichnung von Krankheiten und von schwachen, elenden Geschöpfen. Im religiösen Bereich wird der Mensch als Erdenwurm bezeichnet, um seine Ohnmacht gegenüber Gott auszudrücken.

255 *mein Tag:* Akkusativform, gekürzt aus *meinen Lebtag* oder *meine Lebtage.*

257 *wahrhaftiglich:* Adv. zu *wahrhaftig*, in der Bedeutung ›wirklich‹ verwendet.

268 *wett:* wett sein: durch Gegenleistung ausgeglichen sein; *wett* wird im Süddt.-Österr. als Adverb verwendet.

271 *kränkt: kränken* in der urspr. Bedeutung ›krank machen‹ heute veraltet, gebräuchlich weiter als ›verletzen‹, wie *krank* früher auch für ›verwundet‹ gebraucht wurde.

273 *Seelenhirt:* Pfarrer, Bischof.

278 *abgedarbt:* zu *darben* ›entbehren, Mangel leiden‹.

287 *den erlognen Frieden:* Friede, der nicht eingehalten wurde.

291 *In erster Blöße:* in paradiesischer Nacktheit, hier jedoch negativ in bezug auf die Sitten im Sinne von ›unkultiviert‹.

303 *Zinst:* entrichtet an Abgaben für den Grundherrn.
Kirchgemeine: Gemeine: gleichbedeutendes Substantiv wie *Gemeinde*, gebildet aus *gemein*. Heute hat sich *Gemeinde* durchgesetzt.

308 *mag:* vermag, kann.

316 *bei:* ungefähr.

339 *aufzuheften:* etwas weiszumachen.

344 *vergeht:* zugrunde geht.

349 *entwandt:* entwendet ist.

351 *eins:* Neutrum zu *einer*; ähnlich gebraucht wie *man*; vgl.
V. 336.

352 *Verhaft:* Verhaftung (Mask.); heute ausgestorben.

357 *Er möcht':* er könnte.

358 *Zählt . . . los:* spricht frei.

370 *ich stell:* bringe zur Stelle, schaffe herbei.

377 *Topp!:* Ausruf als Zeichen der Einwilligung, Ende des 17. Jh.s
zu *tippen, tupfen,* aus der altnordischen Rechtssprache.

385 *Vergünst'gung:* Erlaubnis; abgeleitet aus frühnhd. *vergünsti-
gen* ›mit Vergunst‹.

386 *gebeut:* gebietet.

395 *setzt man:* ergänze: ein.

397 *Winzer . . . Garten . . . Schafe:* Begriffe, die der Bilderwelt der
Bibel entstammen, vor allem dem Neuen Testament, wo sich
Christus in Gleichnissen als Winzer, als Weingarten und als
Hirte bezeichnet.

400 *Kompostella:* nach Jerusalem und Rom der berühmteste
katholische Wallfahrtsort. Papst Sixtus IV. stellte 1478 das
Gelübde einer Wallfahrt nach Compostela dem Gelübde einer
Wallfahrt nach Rom oder Jerusalem gleich. Der spanischen Tradition entsprechend soll der hl. Apostel Jakobus der Ältere nach
der pyrenäischen Halbinsel gekommen und in Compostela
begraben worden sein. (Nach Apg. 12,2 wurde Jakobus d. Ä. im
Jahre 44 n. Chr. hingerichtet.) Die Wallfahrt nach Compostela
setzte jedoch – im Gegensatz zu Grillparzers Darstellung – erst
im 9. Jh. ein. Nach span. *San Diego* ›hl. Jakob‹ hieß die Stadt später Santiago de Compostela und ist das heutige Santiago, die
Hauptstadt der Region Galicien.

401 *ins Rheingau: Gau* wird vor allem im oberdt. Sprachbereich
meist als Neutrum gebraucht.

nach 408 *Bresthafte:* In Grillparzers Manuskript steht die im
18./19. Jh. häufig vorkommende Form *Preßhafte,* entstellt aus
bresthaft von *breste* ›Mangel‹. Der *Bresthafte* hat sich also einen
Mangel (Bruch, Leiden) zugezogen.

409 *Schirm:* in der allg. Bedeutung von ›Bedeckung‹ (vgl. »Schutz
und Schirm«), so heute nur noch auf höherer Sprachebene. Vgl.
auch V. 1131, 1360, 1667.

Zweiter Aufzug. Innerer Hof in Kattwalds Hause

Laube: in der älteren und auch heute noch geltenden Bedeutung ›Vorhalle oder bedeckter Gang an einem Gebäude‹.

417 *fährt:* verfährt. Simplex statt des Kompositums.

419 f. *Kattwald . . .:* umgangssprachlich-lässige Konstruktion für: Bei Kattwald, dem Grafen im Rheingau, liegt er gefangen.

424 *sei erst Leon:* bleib dir treu.

431 *Reisezehrung:* was man auf einer Reise verzehrt und zu seinem Unterhalt braucht.

435 *nachgerad:* schließlich.

440 *leichte:* Leichte Ware ist in der Handelssprache eine Ware, die nur einen geringen Teil dessen enthält, was ihre Eigentümlichkeit bildet, etwa leichtes Tuch im Gegensatz zum schweren, solid gewobenen, leichter Wein usw.; weitere Bedeutung: gering, unwert.

444 *Das macht:* das heißt.

455 *Hurra! Packan! Hallo!:* Namen von Kattwalds Hunden. *hurra:* Imperativ des mhd. *hurren* ›sich hastig bewegen‹ (vgl. engl. *to hurry*). *hallo:* wohl Imperativ zu mhd. *halen*, Nebenform zu *holen*. Zunächst Zuruf an einen Fährmann, später allgemeiner Zuruf.

460 *Potz Blitz: Potz* ist im Fluch entstellte Form von *Gottes. Blitz* wird ebenfalls als Fluchwort und als Ausdruck des Erstaunens gebraucht.

478 *Wie Ihr's versteht!:* So meint Ihr es wohl.

501 *gehalten:* behandelt.

542 *wie er Euch versteht:* zu ergänzen: ich nämlich kann Euer Handeln nicht verstehen.

547 *drob:* darüber.

549 *Geisel:* bis zum 16. Jh. ausschließlich Mask., seit dem 16. Jh. setzt sich das Fem. immer stärker durch.

554 *Kämmerer:* ›Vorsteher der Schatzkammer‹, die urspr. neben dem Schatz auch Waffen und Kleinodien enthielt. Kämmerer war später ›einer, der Kammer- und Leibdienst bei einem Fürsten oder am Hofe hatte‹.

581 *fürder:* künftig; nur in gehobener Sprache verwendet (gebildet aus ahd. *furdir* ›früher‹).

598 *Fug:* Angemessenheit, Schicklichkeit (Gegenteil: Unfug). *Schick:* richtige Ordnung.

605 *aufs höchste:* seit dem 18. Jh. in der Bedeutung ›höchstens‹ gebraucht.

612 *knaupelst:* Grundbedeutung: ›mit spitzen Fingern mühsam arbeiten‹ und ›in Speisen herumklauben, bes. wenn die Eßlust fehlt‹ oder auch ›Kleinigkeiten, bes. an Eßwaren entwenden‹. Hier wohl: an einer Sache erfolglos herummachen.

619 *dem's rappelt:* der nicht recht bei Verstand ist. *rappeln* entwickelte sich aus der urspr. Bedeutung ›lärmen, klappern, schelten‹.

635 *Stellt er sich an?:* Tut er nur so, als ob er mich nicht sähe?

650 *Frone:* schwerer, aufgezwungener Dienst.

664 *kneipt:* kneift.

677 *mahnt's . . . an die Krippe:* erinnert's an den Stall.

679 *So . . . als:* ältere Form von *sowohl als auch.*

694 *ungeschlacht:* roh, grob.

702 *Hube:* süddt., österr. für *Hufe* ›Landmaß, kleinerer Grundbesitz‹.

716 *in Wald:* österreichische Ausdrucksweise. Vgl. auch V. 1615.

719 *wächst mit Gras und Kraut:* ganz allgemein, alltäglich.

725 *Geschäft:* Tun, Aufgabe; erst in neuerer Zeit Bezug auf Handelsgeschäfte.

736 *trockner:* geist- und witzloser, ungefälliger.

737 *fromm:* fügsam, brav; abgeleitet aus der religiösen Bedeutung.

749 f. *der auch . . . Der deine wohl:* Edrita ahnt Leons Vorhaben.

Kurze Gegend

Kurze: bezieht sich auf den Bühnenraum, der nur eine geringe Tiefe aufweist.

779 *gesprenkter:* gesprenkelter, gefleckter; abgeleitet von mhd. *sprenkel* ›Flecken‹.

788 *Gottes Wort:* elliptisch für: So wahr Gottes Wort ist.

792 *Wie fingst du das nur an?:* Wie wolltest du das wohl anfangen?

794 *was Rechts!:* ironische Formulierung: da bist du schon etwas Gescheites.

803 *Pastinak:* Pastinaca sativa, Doldenblütler; die weißen Wurzeln werden wie Möhren verwendet.

805 *Gält' es nur Euch:* Ginge es nur um Euch.

818 *Du reichtest . . .:* Du würdest mich wohl gar heiraten?

819 f. *der König . . .:* der König verleiht Euch den fränkischen Adel (mit Zeichen und Wappen an *Helm* und *Schild*).

828 *endlich:* schließlich; adverbialer Gebrauch.

836 *stand mir an:* hätte mir gut gepaßt.

853 *preß ich meine Finger:* um einen Schalltrichter zu bilden.

855 *Setzt's Blut:* es *setzt* hat im Süddt. und Österr. die Bedeutung von ›es wird geben‹.

882 *ein Tage zwei:* ein Zeitraum von zwei Tagen; *ein* wird hier als unbestimmter Artikel gebraucht.

891 *Mir wässert . . .:* intransitiv für: mir wird der Mund wässerig.

Dritter Aufzug. Vorhof in Kattwalds Hause

Vorgrunde: von Grillparzer oft anstelle des gebräuchlichen *Vordergrund* verwendet.

893 *Lust . . . büßen:* das Verlangen stillen, befriedigen.

898 *Werwolf:* der nach germanischem Mythos in einen Wolf verwandelte Mann (ahd. *wer* ›Mann‹), hier: der ungefüge, bärbeißige Mensch.

903 *Seit lange:* Adverbialform zu *lang*, die sich für die zeitliche Bedeutung erhalten hat.

908 *zwei:* zweierlei, vgl. auch V. 959.

918 *launisch buhlend:* sich nur zu bestimmter Zeit anbietend, entsprechend ihrer Lust und Laune.

942 *Anschlag:* Plan.

946 *ihr Amt:* ihre Aufgabe.

956 *Grund:* hier: Sumpf, Schlamm auf dem ›Grund‹ des Grabens.

966 *Haber:* süddt., österr. für *Hafer*.

976 *er schreit Zeter:* er schreit laut, jammernd (um Hilfe); eigtl. Anklage, Weheruf vor Gericht erheben.

977 *Vögel fangen:* die schwierige Aufgabe übernehmen, die Schlauheit und Feingefühl erfordert.

979 *ich steh ihm ein:* ich bürge ihm dafür; Bildung mit Dativ ist Besonderheit Grillparzers.

987 *deucht:* kommt vor; scheint.

992 f. *Graben ist ein adelig Geschäft:* vgl. das Gespräch der beiden Totengräber in Shakespeares *Hamlet* V,1: »Es gibt keine so alten

Edelleute als Gärtner, Grabenmacher und Totengräber: sie pflanzen Adams Profession fort.«

1036 *Doppelschritt:* Eilschritt.

1043 *seinerzeit:* hier im zukünftigen Sinne ›zu gegebener Zeit‹. *mit Wucher:* mit Zinsen (vor allem im übertragenen Sinn gebraucht); Grundbedeutung ist ›Frucht‹ (verwandt mit *wachsen*).

Verwandlung. Kurzes Zimmer

Hart: dicht (vor Ortsbezeichnungen).

1057 *Fund:* hier in der Bedeutung ›List, Ausrede‹.

1065 *Verräter:* Gemeint ist hier der Schlüssel.

1085 *Kleinod:* Kostbarkeit; hier der Schlüssel.

1104 *rost'gen:* schmutzigen.

Veränderung. Vorhof des Hauses

1118 *oblag: obliegen* im Mhd. als Gegensatz zu *unterliegen* gebildet; spätere Bedeutung: zu etwas verpflichtet sein.

1122 *Daß keine Wut . . . :* zu ergänzen: es fertigbringt, das Tor aufzusprengen.
ob: über; mit Dativ gebraucht. Vgl. auch V. 1490 und 1639.
Unsinn: Verblendung, Dummheit. Seit der Aufklärung auch in der heutigen Bedeutung ›Unsinn‹ verwendet (Einfluß von engl. *nonsense*).

1129 *Äther:* gebildet nach griech. αἰϑήρ ›die obere Luft‹; die übertragene Bedeutung: Himmelsluft, die höhere, reine Luft. (1730 gebraucht Frobenius das klassische Wort für das von ihm dargestellte Betäubungs- und Lösungsmittel.)

1161 *eign' ich . . . mir zu:* eigne ich mir an.

1164 *Das niemands ist:* das niemandem gehört; veralteter Gebrauch des prädikativen Genitivs zur Bezeichnung des Eigentümers.

1165 *noch eignen Rechts:* auch kann ich nicht mehr über mich verfügen.

1166 *eigne:* gehöre.

1169 *jener andre:* Galomir.

1178 *missen:* vermissen, entbehren.

1190 *Arbogast:* hier wohl willkürlich gewählter fränkischer Name.

1202 *Kot:* Straßenschmutz.

1204 *ob:* wenn auch, wenn schon; so auch V. 1500.

1217 *Die Zeit vergönnt nicht Wort:* Die drängende Zeit erlaubt keine langen Reden.

1223 *Balg:* mhd. *balc* ›Tierhaut‹ und der daraus gefertigte Schlauch; im verächtlichen Sinn wurde das Wort auch für Menschenhaut gebraucht, daraus entwickelte sich dann das Schimpfwort für unzüchtige Frauen und für Kinder.

1237 *Dünkel:* Meinung, Bedünken.

1241 *mag:* vermag, kann; vgl. V. 308; Atalus mißversteht ›mögen‹ als ›wollen‹.

1245 *wie ich . . .:* wofür ich ihn einst hielt, wie ich einst dachte.

1250 *widrig:* widerlich.

1255 *not:* not ist. Heute statt dessen Ableitung *nötig* gebräuchlich.

1257 *grausamlich:* auf grausame Weise. Wortbildung, die sich aus *grausam* und *grauslich* (›Grausen erweckend‹) zusammensetzt.

1264 *von hinnen:* Weiterbildung zu *hin*, nur noch dichterisch gebräuchlich für ›von einem Ort weg‹.

1304 *Erker:* hier in der urspr. Bedeutung von Befestigung: vorspringendes Mauerwerk oder Turm, in dem sich auch das Verlies befand.

1309 *Schliche:* Schleichwege; veraltete Bedeutung.

1310 *als:* wie.

1319 *gleich:* auch.

1332 *künstlich:* kunstvoll, anmutig.

1349 *trüb:* trübsinnig, gedrückt.

1362 *bewält'gen:* Nebenform zu *überwältigen*.

1365 ff. *Da, da! . . .:* Galomir redet ungrammatisch und nicht in ganzen Sätzen.

1368 *Haube:* urspr. schützende Kopfbedeckung des Fußsoldaten, die niederer ist als der Helm (z. B. Sturmhaube). In neuerer Zeit dann Kopfbedeckung für die verheiratete Frau (vgl. »unter die Haube bringen«).

1374 *sitz ich:* (dann) setz ich mich.

1378 *setzt alles sich ins Gleis:* wird alles wieder in Ordnung (in die rechte Bahn) gebracht.

1395 *billig:* recht.

1397 *Allein auch so:* zu ergänzen: ist es mir recht. *Allein* hier als Bezeichnung des Gegensatzes im Sinne von ›aber‹.

vor 1407 *Schwertheft:* Heft: Griff; von der Verbindung *Schwertheft,* wie hier, die Redensart »das Heft in der Hand haben«, d. h. die Gewalt innehaben.

vor 1408 *Sie huset:* als Zeichen für Leon und Atalus.

1408 *scharf:* rasch.

1416 *Mich weht es an . . .:* Ich fasse neuen Mut, weil ich wieder ein Schwert habe.

1419 *also: so* mit besonderer Betonung; vor allem altertümelnder Gebrauch.

1434 *nur:* allein.

1443 *nicht ich:* zu ergänzen: habe sie enführt.

1445 *Sorglichkeit:* Sorge; bis ins 19. Jh. gebräuchlich.

1448 *minder:* weniger.

1450 *ringer:* geringer.

nach 1450 *Edriten:* veralteter schwacher Dativ.

1464 *ein Waffen:* im ahd. und mhd. Sprachgebrauch nur Neutrum.

nach 1464 *Kolben:* veraltet für ›Keule‹, früher häufig gebrauchte Waffe, vor allem der Hirten und umherziehenden Narren.

Veränderung. Offene Gegend am Strom

1474 *Trutz:* Trotz; hier: Willkür.

1478 *Wodan:* der oberste Gott der germanischen Mythologie. *Teut:* Einen Gott dieses Namens gibt es in der germanischen Mythologie nicht. Grillparzer folgt einer Ableitung aus dem Völkernamen *Teutonen,* der seit den Bardendichtern aus der Zeit Klopstocks üblich geworden war.

1479 *früher:* vorher.

1480 *nur:* hier: irgend.

1487 *streitig:* mhd. *stritec* bezieht sich zunächst auf Personen, die streiten, seit dem 19. Jh. fast nur noch auf Sachen, über die gestritten wird.
bald des . . .: bald dessen, bald jenes Besitz; Genitiv in substantivischer Funktion, heute kaum mehr üblich.

1489 *Metz:* in gallischer Zeit *Mediomatrica* (wurde durch Abkürzung zu *Metz*), kam nach der Zerstörung durch Attila (Mitte 5. Jh.) zum Frankenreich, wo es zur Hauptstadt Austrasiens wurde.

1490 *plumpe:* grobe.
1500 *hörig:* leibeigen.
   ob: wenn.
1514 *Säumnis:* Verzögerung, Aufschub.
1520 *niedrer Mann:* Unfreier; vgl. V. 1500.
1527 *nur erst:* eben.
1529 *kurz:* kürzlich.
1530 *dessen:* Bischof Gregor.
1539 *nein doch:* hier als Betonung gebraucht.
1542 *klügelt:* klug sein will (hier negative Bedeutung).
1543 *nun:* jetzt.
1558 *Sie staun . . . den Strom:* sie halten sich gegen die Strömung.

Fünfter Aufzug. Vor den Wällen von Metz

1574 *Jenseits:* auf der anderen Seite des Flusses; heute nur noch für
   das Leben nach dem Tode gebraucht.
1577 *Begegner:* derjenige, dem man begegnet.
1588 *ehrfurchtheischend:* Ehrfurcht verlangend.
1589 *irres:* unsicheres, unwissendes.
1596 *Beginnen:* Handeln.
1608 *Nur:* eben.
1648 *Wozu auch ohne Not?:* Weshalb ohne Notwendigkeit angrei-
   fen?
1650 *Feste:* Festung (in gehobener Sprache); urspr. Bedeutung:
   fester, befestigter Platz.
1673 *segnet sich:* bekreuzt sich.
1691 *ehegestern:* vorgestern.
1696 *Kirchenvogt:* Bischof Gregor.
1697 *Sprengel:* Amtsgebiet des Bischofs; urspr. das Gebiet, in dem
   der Bischof seinen Weihwassersprengel gebrauchen kann.
1505 *reinen:* ältere Form von *reinigen.*
1710 *bestochnen Auge:* durch die Liebe zum Neffen verblendet.
1716 *toller:* hier im Sinn von ›kühner, bewundernswerter‹.
1752 *Dem Christen nur:* erst wenn er selbst Christ geworden ist.
1755 *kargen:* geizen.
1764 *hold:* anmutig.
   wohlgetan: schön aussehend.
1766 *ebenbürtig:* von gleicher Geburt.

1768 *den ersten aller Ahnen:* Gott.

1772 *andre Absicht:* Gregor hatte Atalus für den Priesterstand bestimmt.

1779 *Urlaub:* Erlaubnis, sich zu entfernen, die der Höherstehende dem niedriger Stehenden gibt.

1795 *wegen dem:* Verbindung mit Dativ ist süddeutscher Sprachgebrauch.

1811 *Ob ihres Gatten Rang:* Leon soll geadelt werden.

1818 *Er:* Gott.

1819 *Geschlecht der Sünden:* die Menschen.

1820 *Strahl:* Gott, der das Licht ist, das der Mensch nicht schauen kann.

1824 *der verkehrten Hand:* der umgekehrten Hand.

NACHBEMERKUNG

Das Lustspiel *Weh dem, der lügt!* nimmt in der mit manchen Konflikten belasteten Lebensgeschichte Grillparzers einen entscheidenden Platz ein. Die Uraufführung am 6. März 1838 im Wiener Burgtheater erbrachte teils durch Fehlbesetzungen – Leon und Edrita wurden von Tragödiendarstellern gespielt –, teils durch Mißverständnisse des Publikums einen deutlichen Mißerfolg, so daß das Stück nach drei Wiederholungen vom Spielplan abgesetzt werden mußte. Nach dieser Niederlage zog sich Grillparzer aus dem literarischen Leben zurück und hielt seine weiteren Werke, darunter *Die Jüdin von Toledo, Libussa* und *Ein Bruderzwist in Habsburg*, vor der Öffentlichkeit verschlossen. Schon länger empfindlich und niedergedrückt, war ihm nun die kränkende Ablehnung von *Weh dem, der lügt!* eigentlich weniger Ursache als Anlaß zur Resignation. 1840 erschien das Lustspiel noch im Druck, zugleich mit *Des Meeres und der Liebe Wellen* und *Der Traum ein Leben* bei Wallishausser in Wien. Der späteren Bemühung von seiten des Burgtheaters, das Stück mit neuer Besetzung und Inszenierung 1859 noch einmal zur Aufführung zu bringen, widersetzte sich Grillparzer entschieden. Fast acht Jahre nach seinem Tod, erst 1879, wurde in Wien wieder aufgeführt, und diesmal erfolgreich. In Deutschland verhalf dann vor allem Josef Kainz durch seine Darstellung des Leon im Deutschen Theater in Berlin zur weiteren Anerkennung auf den Bühnen.

Die Quelle für die Handlung, die *Historia Francorum* des Gregor von Tours, las Grillparzer bereits 1818. Und schon damals zeichnete er sich die Geschichte vom Küchenjungen Leon auf, wie er sie sich zur Ausführung in einem Drama zurechtlegte: »Wie Leon ... durch ein halb natürliches, halb angenommenes barsches Wesen, sich das Recht erwirkt, freie Scherze machen zu dürfen, so daß er das Kühnste sagen kann, ohne daß man es ihm übelnimmt, ja selbst ohne daß man mehr besonders darauf achtgibt. Dadurch erspart er sich jede Lüge ...« Dennoch vergehen sechzehn Jahre, bis Grill-

parzer 1834 die eigentliche Ausarbeitung beginnt, und eine
Reise nach Frankreich und England, die ihn auch dem Schau-
platz des Lustspiels näher brachte, ging der Vollendung im
Mai 1837 noch voraus.

Als inneres Thema, das die Fabel expliziert, war das
Wahrhaftigkeitsproblem Grillparzer von manchem Nachsin-
nen über Sein und Schein, Wahrheit und Lüge tief vertraut.
Von den Lügen Jaromirs in der *Ahnfrau* bis zum Gegensatz der Figuren Rustan und Zanga in dem voraufgehen-
den *Traum ein Leben* war das Motiv in seinen Dichtungen
immer wieder aufgetaucht. In *Weh dem, der lügt!* nun ist
das moralische Problem mit einer Lustspielfabel verbunden,
und daß die absolute Forderung nach Wahrheit in dieser
»buntverworrnen Welt« nicht rein durchzusetzen ist, ja daß
sich vielmehr auch das Aussprechen der vollen Wahrheit darin
zu Schein und Trug wandeln kann, wird zum komischen
Kern des Stückes. Im Jenseits, nicht in dieser Wirklichkeit,
in diesem »Land der Täuschung«, ist eine reinliche Scheidung
von Wahrheit und Lüge möglich. Die Frage, wie weit sich
das Lustspiel über dieses Thema untergründig dem tragi-
schen Bereich nähert, ist um so weniger müßig, als es 1826 in
einer Liste Grillparzers von künftig zu bearbeitenden Stof-
fen noch nicht unter den Lustspielen rangiert, sondern auf
Libussa und *Kaiser Albrecht* folgt.

Mit der Darbietungsform hat sich Grillparzer, wie es in
seiner geistigen Entwicklung dieser Jahre lag, an hohen Vor-
bildern und Anforderungen gemessen. Er hat sich jenseits der
modernen Lustspielbühne am älteren romanischen und eng-
lischen Theater orientiert. Der kecke Küchenjunge Leon steht
den Figuren der italienischen Rollenkomödie oder dem Gra-
zioso Lope de Vegas näher als dem jüngeren Figurentyp der
Molièreschen Charakterkomödie. Drastisch wie bei Shakespeare sind die Barbaren gezeichnet, und von Shakespeares
Caliban leitet sich der Galomir her. Die eindeutige Spiel-
form, die mit einer Aufgabenstellung eröffnet wird, und
nicht zuletzt auch der moralisierende Titel erinnern an die
Ausstrahlung des österreichischen Volkstheaters und überhaupt an die Tradition des Barock bei Grillparzer.

B.

Erläuterungen und Dokumente

Eine Auswahl

zu Böll, *Ansichten eines Clowns*. 84 S. UB 8192

zu Büchner, *Dantons Tod*. 112 S. UB 8104 – *Lenz*. 173 S. UB 8180 – *Woyzeck*. 96 S. UB 8117

zu Droste-Hülshoff, *Die Judenbuche*. 83 S. UB 8145

zu Dürrenmatt, *Der Besuch der alten Dame*. 93 S. UB 8130 – *Die Physiker*. 243 S. UB 8189 – *Romulus der Große*. 96 S. UB 8173

zu Eichendorff, *Das Marmorbild*. 94 S. UB 8167

zu Fontane, *Effi Briest*. 168 S. UB 8119 – *Frau Jenny Treibel*. 111 S. UB 8132 – *Grete Minde*. 80 S. UB 8176 – *Irrungen, Wirrungen*. 148 S. UB 8146 – *Schach von Wuthenow*. 155 S. UB 8152 – *Der Stechlin*. 181 S. UB 8144

zu Frisch, *Andorra*. 88 S. UB 8170 – *Biedermann und die Brandstifter*. 116 S. UB 8129 – *Homo faber*. 196 S. UB 8179

zu Goethe, *Egmont*. 144 S. UB 8126 – *Götz von Berlichingen*. 176 S. UB 8122 – *Iphigenie auf Tauris*. 112 S. UB 8101 – *Die Leiden des jungen Werther*. 192 S. UB 8113 – *Novelle*. 160 S. UB 8159 – *Torquato Tasso*. 251 S. UB 8154 – *Urfaust*. 168 S. UB 8183 – *Die Wahlverwandtschaften*. 228 S. UB 8156 – *Wilhelm Meisters Lehrjahre*. 398 S. UB 8160

zu Gotthelf, *Die schwarze Spinne*. 93 S. UB 8161

zu Grass, *Katz und Maus*. 192 S. UB 8137

zu Hauptmann, *Bahnwärter Thiel*. 54 S. UB 8125 – *Der Biberpelz*. 104 S. UB 8141 – *Die Ratten*. 183 S. UB 8187

zu Heine, *Deutschland. Ein Wintermärchen*. 208 S. UB 8150

zu Hesse, *Demian. Die Geschichte von Emil Sinclairs Jugend*. 86 S. UB 8190 – *Der Steppenwolf*. 156 S. UB 8193

zu Hoffmann, *Das Fräulein von Scuderi*. 136 S. UB 8142 – *Der goldne Topf*. 160 S. UB 8157 – *Klein Zaches genannt Zinnober*. 170 S. UB 8172

zu Ibsen, *Nora (Ein Puppenheim)*. 86 S. UB 8185

zu Kafka, *Der Proceß.* 230 S. UB 8197 – *Die Verwandlung.* 176 S. UB 8155

zu Keller, *Das Fähnlein der sieben Aufrechten.* 87 S. UB 8121 – *Kleider machen Leute.* 108 S. UB 8165 – *Romeo und Julia auf dem Dorfe.* 88 S. UB 8114

zu Kleist, *Amphitryon.* 160 S. UB 8162 – *Das Erdbeben in Chili.* 151 S. UB 8175 – *Das Käthchen von Heilbronn.* 162 S. UB 8139 – *Die Marquise von O…* 125 S. UB 8196 – *Michael Kohlhaas.* 111 S. UB 8106 – *Penthesilea.* 159 S. UB 8191 – *Prinz Friedrich von Homburg.* 237 S. UB 8147 – *Der zerbrochne Krug.* 157 S. UB 8123

zu J. M. R. Lenz, *Der Hofmeister.* 183 S. UB 8177 – *Die Soldaten.* 88 S. UB 8124

zu Lessing, *Emilia Galotti.* 109 S. UB 8111 – *Minna von Barnhelm.* 109 S. UB 8108 – *Miß Sara Sampson.* 93 S. UB 8169 – *Nathan der Weise.* 167 S. UB 8118

zu H. Mann, *Der Untertan.* 162 S. UB 8194

zu Th. Mann, *Mario und der Zauberer.* 104 S. UB 8153 – *Der Tod in Venedig.* 196 S. UB 8188 – *Tonio Kröger.* 102 S. UB 8163 – *Tristan.* 96 S. UB 8115

zu Mörike, *Mozart auf der Reise nach Prag.* 117 S. UB 8135

zu Novalis, *Heinrich von Ofterdingen.* 236 S. UB 8181

zu Schiller, *Don Carlos.* 238 S. UB 8120 – *Die Jungfrau von Orleans.* 160 S. UB 8164 – *Kabale und Liebe.* 147 S. UB 8149 – *Maria Stuart.* 214 S. UB 8143 – *Die Räuber.* 232 S. UB 8134 – *Die Verschwörung des Fiesco zu Genua.* 263 S. UB 8168 – *Wallenstein.* 294 S. UB 8136 – *Wilhelm Tell.* 111 S. UB 8102

zu Shakespeare, *Hamlet.* 264 S. UB 8116

zu Storm, *Hans und Heinz Kirch.* 94 S. UB 8171 – *Immensee.* 88 S. UB 8166 – *Der Schimmelreiter.* 101 S. UB 8133

zu Tieck, *Der blonde Eckbert / Der Runenberg.* 85 S. UB 8178

zu Wedekind, *Frühlings Erwachen.* 203 S. UB 8151

zu Zuckmayer, *Der Hauptmann von Köpenick.* 171 S. UB 8138

Philipp Reclam jun. Stuttgart

Franz Grillparzer

IN RECLAMS UNIVERSAL-BIBLIOTHEK

Die Ahnfrau. Trauerspiel. 96 S. UB 4377

Der arme Spielmann. Erzählung. 68 S. UB 4430 – dazu *Erläuterungen und Dokumente.* 167 S. UB 8174

Ein Bruderzwist in Habsburg. Trauerspiel. 104 S. UB 4393

Der Gastfreund. Die Argonauten. 1. und 2. Abteilung des dramatischen Gedichts »Das goldene Vlies«. 95 S. UB 4379

Gedichte. 128 S. UB 4401

Die Jüdin von Toledo. Trauerspiel. 80 S. UB 4394

Das Kloster bei Sendomir. Erzählung. 62 S. UB 8761

König Ottokars Glück und Ende. Trauerspiel. 112 S. UB 4382 – dazu *Erläuterungen und Dokumente.* 112 S. UB 8103

Libussa. Trauerspiel. 96 S. UB 4391

Medea. 3. Abteilung des dramatischen Gedichts »Das goldene Vlies«. 86 S. UB 4380

Des Meeres und der Liebe Wellen. Trauerspiel. 87 S. UB 4384

Sappho. Trauerspiel. 80 S. UB 4378

Der Traum ein Leben. Dramatisches Märchen. 96 S. UB 4385

Ein treuer Diener seines Herrn. Trauerspiel. 96 S. UB 4383

Weh dem, der lügt! Lustspiel. 79 S. UB 4381 – dazu *Erläuterungen und Dokumente.* 103 S. UB 8110

Philipp Reclam jun. Stuttgart